工学结合新思维高职高专航海技术类“十二五”规划教材

总主编　马魁君

现代礼仪实用教程

武　莉　主　编
范　铮　副主编

对外经济贸易大学出版社
中国·北京

图书在版编目（CIP）数据

现代礼仪实用教程／武莉主编．—北京：对外经济贸易大学出版社，2012（2019.9 重印）
工学结合新思维高职高专航海技术类“十二五”规划教材
ISBN 978-7-5663-0348-6

Ⅰ.①现… Ⅱ.①武… Ⅲ.①礼仪-高等职业教育-教材 Ⅳ.①K891.26

中国版本图书馆 CIP 数据核字（2012）第 143679 号

现代礼仪实用教程

武 莉 主编

责任编辑： 马 荷 郭华良 高 卓

对外经济贸易大学出版社
北京市朝阳区惠新东街 10 号 邮政编码：100029
邮购电话：010-64492338 发行部电话：010-64492342
网址：http://www.uibep.com E-mail：uibep@126.com

北京华创印务有限公司印装 新华书店经销
成品尺寸：185mm×260mm 11.75 印张 272 千字
2012 年 8 月北京第 1 版 2019 年 9 月第 8 次印刷

ISBN 978-7-5663-0348-6
印数：19 501-22 500 册 定价：22.00 元

出版说明

中国自2001年加入世贸组织之日起，严格遵守有关海运行业的发展承诺，全面实施《国际海运条例》等法规，在海运服务、港口建设等方面实行新的开放政策，为中外航商提供更为公平的市场经营环境，成为直接与国际接轨和充分竞争的行业，其开放度高于发展中国家，与发达国家基本相当。

当前，中国正在积极建设以渤海湾、长三角、珠三角三大港口群为依托的三大国际航运中心，即以天津、大连、青岛等港口为支撑的北方国际航运中心；以江浙为两翼、上海为中心的上海国际航运中心；以深圳、广州、香港为支撑的香港国际航运中心。

为适应我国海运事业蓬勃发展对航海技术类高素质技能型专业人才的迫切需要，对外经济贸易大学出版社认真贯彻教育部教高［2006］16号《关于全面提高高等职业教育教学质量的若干意见》的要求，联合天津海运职业学院、天津职业大学、天津中德职业技术学院、天津电子信息职业技术学院、芜湖职业技术学院、天津对外经济贸易职业学院、天津冶金职业技术学院、天津青年职业学院、天津城市职业学院、河北交通职业技术学院、天津国土资源和房屋职业学院、南通航运职业技术学院、广西职业技术学院、西安职业学院、济南铁道学院、福建交通职业学院、集美大学航海学院、辽东学院等国家、省（直辖市）级示范性高等职业院校创新推出了一套面向高职高专层次、涵盖航海技术类不同专业的立体化教材——工学结合新思维高职高专航海技术类“十二五”规划教材。该系列教材包括航海技术、海事管理、酒店管理（邮轮乘务）、轮机工程管理、航运经济、计算机网络技术、理化测试及质检技术等专业。

根据教高［2006］16号文件关于“高等职业院校要积极与行业企业合作开发课程，根据技术领域和职业岗位（群）的任职要求，参照相关的职业资格标准，改革课程体系和教学内容，建立突出职业能力培养的课程标准，规范课程教学的基本要求，提高课程教学质量。”的要求，本套教材的编者在深入行业实践、调研的基础上，着眼于提高学生专业实际操作能力和就业能力的宗旨，采取了情境模块、案例启发、任务驱动、项目引领、精讲解重实训的编写方式，使教材建设在理论够用的基础上，在专业技能培养与训练环节，特别是“教、学、做一体化”方面有所突破，“确保优质教材进课堂”。

根据国家职业教育的指导思想，目前我国高职高专教育的培养目标是以能力培养和技术应用为本位，其教材建设突出强调应用性和适用性，既要满足专业教育又能适应就业导向的“双证书”（毕业证和技术等级证）的人才培养目标需要。根据教育部提出的高等职业教育“与行业企业共同开发紧密结合生产实际的实训教材”的要求，本套教材的作者不仅具有丰富的高等职业教育教学经验，而且具有海运企业相关岗位的一线实践经历，主持或参加过多项应用技术研究。这是本套教材编写质量与高等职业教育特色的重要保证。

此外，本套教材配有教师用PPT文稿，方便教师教学参考。

天津海运职业学院院长马魁君教授担任本套教材的总主编。本套教材的参编企业有中远散运有限责任公司、中国石油集团海洋工程有限公司、伦敦海事、微软（中国）有限公司、中铁工程设计院（天津）有限公司、新浪网技术（中国）有限公司、思科（中国）网络技术有限公司等。

愿本套工学结合新思维高职高专航海技术类“十二五”规划教材的出版对我国海运高等职业教育的创新发展与高职人才培养质量的稳步提升有所助益！

对外经济贸易大学出版社

2011 年 6 月

前　　言

《现代礼仪实用教程》是高职高专“工学结合新思维”航海技术类“十二五”规划系列教材之一。

《国家中长期教育改革和发展规划纲要（2010—2020年）》是我国进入21世纪之后的第一个教育规划，是今后一个时期指导全国教育改革和发展的纲领性文件。《规划纲要》进一步明确提出要实施职业教育办学模式改革试点，以服务为宗旨，以就业为导向，推进教育教学改革，实行工学结合、校企合作、顶岗实习的人才培养模式，以切实提高职业教育教学质量为重点，满足经济社会对高素质劳动者和技能型人才的需要。

现代社会，礼仪无处不在，礼仪包罗万象，礼仪意义重大。随着社会进步，礼仪已成为社会文明的标志，人们的生活、工作、相处、交往、发展、创业，须臾离不开礼仪。人际交往中，讲究礼仪不仅是自尊的表现，也是对他人的尊重。当代高职学院的在校生的培养目标是高素质、高技能的创新型职业人才，不仅要具备过硬的专业思想、娴熟的岗位技能，还需要学礼用礼，用规范的礼仪来指导自己的一言一行，以礼待人，成为现代社会相关岗位的优秀专业人才。在天津海运学院院长马魁君教授的倡导、鼓励和支持下，秉持“就业为导向”的人才培养目标，本着“以能力培养为主线构建内容体系、突出实训和实践特色、突出综合素质培养”的育人原则，我们编写了这本教材。

《现代礼仪实用教程》以能力培养作为教材的依据和主线，着力体现高职教育“工学结合”“项目引领”“任务驱动”的本质特色。本教材以案例导入，从细节着眼，灵活、实用、具体地把礼仪规范的详细要点与操作技巧细致准确地传递给学生，一方面引导学生自主思考，一方面启发学生积极实践，鼓励他们在日常工作与生活中有效地运用，进而从简单模仿升华为自然而然的行为习惯，由此提升自己的品位和形象，在不断追求物质生活目标的同时努力丰富自己的精神境界，以获得人生意义上的真正成功。因此，学习《现代礼仪教程》课程，提升学生的综合素质，不仅是高职院校素质教育的重要内容之一，也是高职学生未来从事各项工作与社会活动时以礼待人、和谐共赢、获得职业生涯不断成功的必修课程。

《现代礼仪实用教程》以特定的活动情景、工作环境、工作任务为背景，以相关岗位的职业技能要求为参照，涵盖日常生活与工作的各个方面。全书共设为什么要学习礼仪、言谈礼仪、举止礼仪、仪容礼仪、服饰礼仪、交往礼仪、校园礼仪、专题活动礼仪、宴会礼仪、求职礼仪等10个模块，每个模块设有多项知识点与技能点，充分体现“教、学、做一体化”的教学理念。

《现代礼仪实用教程》具有如下两个突出特点：

第一，以礼仪实务为学习情境，技能点涵盖全面。

教材的整体结构围绕学生今后工作、生活中的环境、场景和任务设计学习情境，比如言谈举止、仪容仪表、人际交往、求职面试、大型活动、宴请礼仪等都作了较为具体的启示、讲述与分析。在10个模块中，共设计了33个以技能点为核心内容的子模块。每个模块后均设计了思考与训练项目，让学生在课后通过技能测试、案例分析、方案设计等方式来检验自己的礼仪修养是否得到提升，是非常适合选作高等职业院校学生学习《现代礼仪》课程的专门教材。

第二，重点清晰突出，倡导教、学、做一体。

为了帮助学生尽快进入学习情境，本书每个学习情境开始都安排了导学案例，并制定了具体的学习与训练目标，以突出该学习情境的重点。同时在每个技能点的讲解中都适时插入一些“长镜头”、“小看版”、“小资料”等来加深对关键知识与技能的理解。在各个学习情境的最后以礼仪实务为背景还安排了案例分析、情景模拟训练、活动策划、技能测试等环节，帮助学生在学习、思考和行动中理解和把握每个技能点，以提高学生解决实际问题的能力。

《现代礼仪实用教程》由天津海运职业学院武莉老师担任主编，天津师大高职学院范铮老师担任副主编。参加编写本书的武莉、昃丽娜、王洋、高东海、王强、刘芳君、范铮老师均为天津海运职业学院《现代礼仪》课程的主讲骨干教师，具有丰富的教学经验。全书由武莉老师统稿。天津海运职业学院的谭刘元老师为本书的编写提供了大量的有价值的素材，天津对外经济贸易职业学院的魏秀敏教授为本教材内容的确定及特色的彰显作了大量细致的工作。

另外，在本教材的编写过程中，我们参考了大量国内外教材和文献资料，并引用了部分资料，在此谨向各位原作者深表敬意和感谢。

社会在进步，礼仪在丰富。由于我们的学识水平有限，疏漏之处在所难免，敬请各位专家、高职教育界同仁以及莘莘学子不吝赐教。

编者

2012年3月

目　录

模块一

为什么要学习礼仪

导学案例

请看下面的镜头

镜头一

在2010年国庆节这一天，首都北京天安门——全世界媒体都广泛关注的、被称之为中国脸面的天安门，仅广场范围内，一天扫出的垃圾就多达20多吨，七天下来整整140吨！140吨垃圾是什么概念呢?即，如果把这140吨垃圾就地解决，可以填平天安门前面的护城河!

镜头二

一位中国美女留学生坐在法国男朋友的车里出去兜风，美女留学生把口香糖吃到嘴里，然后随手把糖纸扔出窗外。男朋友一个急刹车，下车找到被中国女友抛弃的糖纸，捡回来什么也没有说，放进自己的口袋里。

镜头三

在日本，一位妇女抱着孩子乘公交车。不知什么原因，孩子突然大哭起来，这位妇女马上在最近的站点下车，抱着孩子步行回家——因为她怕孩子的哭声影响到其他乘客。

想一想

为什么国庆节，某些人的“献礼”是20多吨垃圾?
为什么中国美女留学生让法国男友无语?
看到日本母亲的行为你有什么感受?
你认为高职学生学习礼仪的意义何在?

学习与训练目标

◇ 掌握礼仪的基本概念，明确学习礼仪的重要性

◇ 了解礼仪的特点，掌握理解礼仪的原则，能够在生活和工作中自觉检查和约束自己的行为

◇ 了解礼仪发展的历史

一、礼仪的内涵

什么是礼仪

礼仪是律己、敬人的行为规则和表现形式，是个人素养和文明程度的外在表现。

古人讲“礼仪者，敬人也”。就是说礼仪是在人际交往过程中既要尊重自己，也要尊重别人。这里的“礼”说的是规则，指在人际交往中我们应该尊重自己并互相尊重的行为准则。“仪”指的是仪式，即尊重自己、尊重别人的表现形式。

现代社会“礼仪”一词有了更加广泛的含义，主要是指人们在社会交往过程中约定俗成并共同遵守的行为准则和规范的总和，这些准则和规范必须用大家普遍认同的方式来表达。因此，简单地说，礼仪是律己、敬人的行为规则和表现形式，是个人素养和文明程度的外在表现。

小资料

“礼仪”一词的由来

中国古代典籍中，“礼”和“仪”多分开使用，即最初的礼和仪各有其基本含义。“礼”是制度、规则和一种社会意识观念；“仪”是“礼”的具体表现形式，它是依据“礼”的规定和内容形成的一套系统而完整的程序。

《辞海》中对礼的解释是：本谓敬神，引申为表示敬意的通称。如“礼为五经，莫重于祭”（《礼记·祭统》）即指为敬神而举行的“祭祀之礼”。“以宾礼亲宾客”（《隋书·礼仪》）则表达四方诸侯朝见天子时表达的尊敬与天子款待所属诸侯或邦国使节时表示的礼遇亲善。

奴隶和封建社会，礼也代表社会道德规范。如周朝，为调整人们之间的关系，“礼”成了区分尊卑与贵贱、忠顺与忤逆的行为准则和政治法律制度。正如孔子所言：“人无礼则不生，事无礼则不成，国无礼则不宁”。第一个“礼”字指的是生活交往中的行为规范；第二个“礼”指的是规矩、规则；第三个“礼”是指政治法律制度。

中国古代，礼还被用来特指表示庆贺的物品，既包括物质形态的礼品，又包括精神形态的献礼，如“及受礼，惟酒一斗，鹿肉一泮”（《晋书·陆纳传》）。

据考证，“仪”的含义包括五方面内容：即法度、准则；典范、表率；形式、仪式；容貌、风度；礼物。

随着社会的发展，礼与仪慢慢被放在一起，构成一个复合词。“礼仪”一词合用，最早见于《诗经》和《礼记》。

二、礼仪的基本特征

礼仪的特点

△稳定性　　△差异性

△继承性　　△发展性

礼仪是一门社会交际的学问，它具有自身的特点。

（一）礼仪是约定俗成的，为人们普遍认同并具有相对稳定性

礼仪是社会各阶层人士所共同遵守的准则与行为规范，是维系人与人之间和谐关系的保证。这些规范必须为全体社会成员所认同并自觉遵守，才能起到其应有的作用。一般说，礼仪代表一个国家、一个民族、一个地区的文化习俗特征，这些特征为大家所共认，并在相当长的时间内稳定地规范人们的行为。例如：礼尚往来，举止得体都是符合大多数人价值取向的文明行为。如果某人违背了这些习俗，会被当做不懂礼仪的“失礼之徒”而遭人唾弃。又如，我国习俗中对长辈应该称呼“您”，如有人用“你”字称呼长辈，大家会认为这样的人很失礼。长期以来，中华文化中，对长辈使用敬语是大家都知道并共同遵守的礼仪规范。

（二）不同时代、不同地区的礼仪具有一定的差异性

由于受历史传统、风俗习惯、宗教信仰、时代潮流等因素的影响，不同时代、不同地区，礼仪除了具有共同性的特点之外，还带有本时期、本地域、本民族自身的特点，这就形成了礼仪表现形式上的差异性。

小资料

OK 的含义

有一种手势，大拇指和食指环成圆圈，其余手指伸展，意思是“OK”。表示同意、良好、顺利、赞赏和暗示赞成或欣赏对方的观点。这个手势19世纪初风行于美国，后在欧洲被普遍采用。这个手势在其他国家则有不同的意思。在日本表示“懂了”；在缅甸、韩国表示“金钱”；在印度表示“正确”；在泰国表示“没问题”；在突尼斯表示“无用”；在印尼表示“不成功”；在巴西，则常用来指责别人行为不端；在地中海国家，常用它来影射同性恋。

同一个手势在不同地方会有不同含义.礼仪除具有固定的形式与规范外，因时、因地、因对象的不同，还带有较为明显的差异性。日常交往中，我们应充分认识这些差异，并给予应有尊重。

（三）礼仪具有继承性的特点

礼仪的形成是一个动态的发展过程。在风俗和传统的变化中，礼仪将人们在交际活动中约定俗成的行为模式固定下来，并随着时间的推移不断沿袭，形成礼仪继承性的特点。我们今天的礼仪形式就是从昨天的历史中继承下来的，有不少优秀的礼仪形式还要继续传承下去。例如，在重大活动中的座次遵循以北为上，以右为尊的规则，就是继承了中华民族传统礼仪，成为现今人们仍沿用遵守的礼仪规范。当然，人们对流传下来的礼仪规范应采取汲取精华，去其糟粕，古为今用的态度，礼仪的沿袭和继承应该是一个不断扬弃的过程。

（四）礼仪具有发展性

世界上任何事物都是发展变化的，礼仪虽然有较强的独立性和相对地方稳定性，但它也不是一成不变的，也会随着时代的发展而发展变化，同时，各国、各民族的礼仪文化也会出现互相渗透、相互融合的现象。

例如，中华民族素有“礼仪之邦”的美称，拥有灿烂的传统礼仪文化，其中许多优秀的内容一直传承至今。改革开放后，西方礼仪文化大量引入中国，使中华礼仪在保持传统民族特色的基础上，发生了更文明、更简洁、更实用的变化。例如，我国以前过年过节人们要把大包小包的糕点、水果送给亲朋好友表示问候。收到的人吃不了，再转送出去，费时，费力。有人戏称之为“糕点旅行”。有人甚至一想到过节过年的这一“节目”就心存恐惧，背上沉重的心理负担。如今，节假日给亲朋好友打个礼仪电话，发个短信或发一个电子贺卡，表示祝贺与问候，这些都反映了礼仪发展性的特点。

因此，随着时代的发展，科学技术的进步，礼仪在传统的基础上不断地推陈出新，体现着时代的要求与时代的精神。

三、礼仪的基本原则

礼仪的基本原则

△平等尊重　　△自律自信

△真挚诚恳　　△理解宽容

（一）平等尊重原则

所谓平等，就是不论交往对象身份尊卑贵贱、职务高低、年龄大小，都要给予充分的尊重。对所有交往对象要一视同仁，给予同等程度的礼遇。不可伤害他人的个人尊严，更不能侮辱对方的人格。任何抬高和贬低自己和他人的语言与行为，都不利于建立和谐的人际关系。因此，平等的实质是尊重。由于国情、民族、文化背景的不同，平等尊重原则还要求人们在交往中必须要入乡随俗，了解并尊重各自的禁忌，与绝大多数人的习惯做法保持一致，切勿目中无人，自以为是。

长镜头

萧伯纳与小女孩

英国著名的戏剧家、诺贝尔文学奖获得者萧伯纳有一次在苏联访问，他在莫斯科街头散步时见到一个非常可爱的小女孩。萧伯纳和这个小女孩儿玩了很久，分手时，他对小女孩说：“回去告诉你的妈妈，你今天和伟大的萧伯纳一起玩了。”小女孩儿也学着大人的口气说：“回去告诉你的妈妈，你今天和苏联女孩儿安妮娜一起玩了。”萧伯纳很吃惊，他立刻意识到自己的傲慢，并向小女孩儿道歉。后来，萧伯纳每次回想起这件事，都感慨万千。他说：“一个人无论有多么大的成就，对任何人都应该平等相待，应该永远谦虚。”

因此，对待任何人都能以礼相待，礼尚往来，既不盛气凌人，也不卑躬屈膝，是礼仪平等尊重原则的要求。

资料来源：闫玉双．尊重，小习惯改变大世界．北京：中信出版社，2009.

在现代礼仪中，平等尊重是基本原则，是礼仪行为的基础。尊重是实现平等的保证，没有双方彼此的相互尊重，也就没有了平等。

（二）自律自信原则

自律就是对自我进行约束。在心中树立起一种内心的道德信念和行为修养准则，以此来约束自己的行为，实现自我教育，自我管理。简单地说就是能够自觉按照礼仪规范严格要求自己，知道自己该做什么，不该做什么。

自信就是相信自己，悦纳自己，对自己充满信心。一个有充分自信的人，在交往中可以做到不卑不亢、落落大方，遇到强者不自惭，遇到弱者不自负，遇到顺境不自傲，遇到艰难不自卑。因此，自信的人往往能充分地展示自己的才华，取得良好的交往效果。而一个缺乏自信的人，在交往中往往会畏首畏尾、优柔寡断、患得患失，不能很好地展示自己的特点。因此，不自信的人会处处碰壁，不容易获得良好的交往效果。

同时拥有自信和自律的人，在交往中，既不会前怕狼后怕虎地畏缩不前，又不会凡事以自我为中心，目空一切。一个人学习、应用礼仪，最重要的就是通过自我要求，自我约束，自我对照，自我反省，自我检查达到自我提升的目的。只有把规范内化成为自身的需要，自觉、自愿地遵守礼仪，用礼仪去规范自己在交往活动中的言行举止，才能达到礼仪的自信自律要求。

（三）真挚诚恳原则

真挚，即在交往中的感情要真实，要言行一致，表里如一。诚恳，即在交往中要诚实，恳切，守信，不虚伪。

真挚诚恳就是在交际过程中做到真实可靠，诚实守信，不虚伪、不做作。

长镜头

《佐贺报》的故事

日本有家地方性报纸——《佐贺报》，它在邻近的福冈县大报社的竞争夹缝中历经110年而没有被挤垮，靠的就是处处为用户打算的真心诚意。佐贺北临日本海，南接太平洋，是典型的海洋性气候，因经常下雨给报纸的送递造成很大困难。《佐贺报》的董事长说："下雨天送去湿漉漉的报纸实在说不过去。"因而，凡是阴雨连绵的早晨，每一位《佐贺报》的读者，都会收到一份用塑料袋细心包裹着的报纸。《佐贺报》对读者的这份真诚和温馨，是它历经百年而不倒的经营秘诀。"精诚所至，金石为开"是指诚心能够感动像金石那样坚硬的东西。在经商过程中，即使是最挑剔的顾客，也能靠发自内心的真诚去打动他。

资料来源：http://baike.baidu.com/view/28353.htm

海尔有一个很著名的口号，叫做"真诚到永远"。海尔总裁张瑞敏对它的解释是：一个企业要永续经营，首先要得到社会的承认、用户的承认。企业对用户真诚到永远，才有用户、社会对企业的回报，才能保证企业向前发展。苏格拉底曾经说过："不要靠馈赠来获得一个朋友，你须贡献你诚挚的爱，学习怎样用正当的方法来赢得一个人的心。"交际活动作为人与人之间信息传递、情感交流、思想沟通的过程，如果缺乏真诚，则不可能达到目的，更无法保证交际效果。

（四）理解宽容的原则

《不列颠百科全书》关于宽容的定义是：宽容即允许别人自由行动或判断，耐心而毫无偏见地容忍与自己的观点或公认的观点不一致的意见。《现代汉语词典》中对宽容的解释是：宽大有气量，不计较或不追究。可见宽容主要体现了一个人的见识、心胸和气量。能够宽以待人的前提是能够站在他人的角度想问题，能够理解对方。只有给予对方充分的理解，才能做到宽容。

礼仪的理解宽容原则要求人们在交往中要与人为善，多替对方着想。千万不要求全责备、斤斤计较，甚至咄咄逼人。总而言之，站在对方的立场去考虑一切，是取得和谐关系的最好方法。

四、礼仪的作用

礼仪的作用

△提高个人修养，树立良好形象

△促进沟通交流，改善人际关系

（一）提高个人修养，树立良好形象，

在社会交往活动中，人们常常根据一个人的言谈、举止、仪容、仪表等方面的表现来判断一个人的修养和素质。礼仪可以反应一个人的气质风度、知识见解、道德情操等。可以说，交谈讲究礼仪，可以展示文明；举止讲究礼仪，可以展示高雅；穿着讲究礼仪，可以展示品味……只要讲究礼仪，事情就会做得恰到好处，人就可以变得充满魅力。

（二）促进沟通协调，改善人际关系

心理学家马斯洛的“需要层次说”证明，尊重的需要是人类高层次的需要。人们在交往时以礼相待，有助于加强人们之间互相尊重，建立友好合作的关系。

在现代生活中，人们的相互关系错综复杂，时常会发生利益冲突，甚至会采取极端行为。礼仪有利于促使冲突各方保持冷静，缓解已经激化的矛盾，使人与人之间的感情得以沟通，建立相互尊重、彼此信任、友好合作的关系，进而有利于各项事业的发展。

因此，从一定意义上说，礼仪是人际关系和谐发展的调节器。一方面，礼仪作为一种规范、程序和文化传统，对人与人之间相互关系的模式起着规范、约束和及时调整的作用，使人们在交往时彼此注重礼仪规范，以礼相见；另一方面，某些礼仪形式、礼仪活动也可以起到化解矛盾、缓和或避免某些不必要的情感对立与障碍的作用。在人际交往中，通过周到、适合的礼仪行为，既能表达对交往对象的尊重之情，又能使交往双方的感情得到升华，客观上可以起到促进人际沟通，协调人际关系的作用。

测一测

请判断下列情形下人们所做的处理是否正确？如果碰到类似的问题，你又会怎么做？

1. 当你作为公司的业务经理接待许多人的拜访时，能够让客人随便坐吗？

2. 你和一位重要的客人在你办公室交谈时，电话铃响了，这时，你应该说声“对不起”后接起电话。

3. 你和一位日本客人共同搭乘一辆由本公司专职司机开的车，为了让客人更好地欣赏窗外的美景，你应该让客人坐在副驾驶的位置上。

4. 当别人要和你握手时，你的右手正有东西，此时，你可以用左手跟客人握手。

5. 男人应该为女士开门，让女士先通过。

6. 表示身份的胸卡应放在胸前靠左边的位置。

答案与解释：

1. 错误。正确的做法是你应该引导客人坐在哪里，这会让他们更自在。

2. 错误。因为如果你接电话，就表明这个电话比和他谈话重要，这会让客人觉得不舒服。如果你真的在等待一个重要的电话，你应该在谈话前就提前告知对方。

3. 错误。因为在司机开车的情况下，小轿车最尊贵的座位应该是副驾驶后面的座位，副驾驶一般为陪同的工作人员坐的位置。无论何种情况，都不应该把客人让到那个位置就座。

4. 错误。应该迅速把右手腾空，清洁后与客人握手。如不能马上做到，要和客人说明，因为，无论何种情况，用左手与客人握手都是不礼貌的。

5. 错误。商务礼仪中，职位头衔往往比性别更重要，应该为头衔更高的人把门，让他们先通过。当然，最好的做法是，第一个打开门的人应该等后面所有人都通过之后再关上。

6. 错误。表示名字的胸卡应该放在靠右边的位置。因为当握手时，他人的目光可以顺着手臂看到卡上的内容。

小资料

礼仪的起源与嬗变

中华礼仪的渊源

中华民族素有礼仪之邦美誉，礼仪在中华文化历史演进过程中，起着积极的推动作用。

古人有言：“中国有礼仪之大，故称夏，有服章之美，故称华。”古代华夏族正是以丰富的礼仪文化而受到周边其他民族的赞誉的。早在孔子以前，已有夏礼、殷礼、周礼三代之礼，因革相沿，到周公时代的周礼，已比较完善。孔子是我国历史上第一位礼仪学专家，他把“礼”作为治国安邦的基础。他主张“为国以礼”，“克己复礼”，并积极倡导人们“约之以礼”，做“文质彬彬”的君子。孟子也重视“礼”，并把仁、义、礼、智作为基本道德规范，他还认为“辞让之心”和“恭敬之心”是礼的发端和核心。荀子则比孟子更重视“礼”，他著有<礼论>，论证了礼的起源和社会作用。他说：“礼者，人道之极也。”把礼看作做人的根本目的和最高理想，把识礼、循礼与否作为衡量人的贤愚和高低贵贱的尺度。因而他强调：“人无礼则不生，事无礼则不成，国无礼则不宁。”管仲则把礼看作人生的指导思想和维持国运的支柱。他说：“礼义廉耻，国之四维，四维不张，国乃灭亡。”从这些思想家的言论中，不难看出，礼仪是适应调节人际关系的需要而产生和发展的。

我国古籍中，枟周礼椊、枟仪礼椊、枟礼记椊等是最重要的古典礼仪专著。我国古代“礼”的概念，包含丰富的内容，大体可归结为三个层面：

一是指治理奴隶制、封建制国家的典章制度；

二是古代社会生活所形成的作为行为规范和交往仪式的礼制及待人接物之道；

三是对社会成员具有约束力的道德规范（包括自身修养）。

纵观我国礼仪内容和形式的演变与发展，可见“礼”和“德”不但是统治者权力的中心支柱，且其在几千年的历史发展中形成了许多有广泛社会性与强大号召力的优良道德规范和人际交往的礼节仪式及生活准则，并已成为中华民族共同的财富，对中华民族精神素质的修养起了极其重要的作用。

西方礼仪的起源

西方礼仪一词，最早见于法语的 Etiquette，原意为“法庭上的通行证”。但进入英文后就有了礼仪含义，意即“人际交往的通行证”。西方的文明史，同样在很大程度上表现着人类对礼仪追求及其演进的历史。人类为维持与发展血缘亲情以外的各种人际关系，避免“格斗”或“战争”，逐步形成各种与“格斗”、“战争”有关的动态礼仪。如为了表示自己手里没有武器，让对方感觉到自己没有恶意而创造了举手礼，后来演进为握手。为了表示自己的友好与尊重，愿在对方面前“丢盔卸甲”，于是创造了脱帽礼等。

古希腊的文献典籍中，如苏格拉底、柏拉图、亚里士多德等先哲的著述中，都有很多关于礼仪的论述。中世纪更是礼仪发展的鼎盛时代。文艺复兴以后，欧美的礼仪有了新的发展，从上层社会对遵循礼节的繁琐要求到 20 世纪中期对优美举止的赞赏，一直到适应社会平等关系的比较简单的礼仪规则。历史发展到今天，传统的礼仪文化不但没有随着市场经济发展和科技现代化而被抛弃，反而更加多姿多彩，国家有国家的礼制，民族有民族独特的礼仪习俗，各行各业都有自己的礼仪规范程式，国际上也有各国共同遵守的礼仪惯例等。有的国家和民族对不遵守礼仪规范者，还规定一定的处罚规则，有的已把礼仪作为公民就业前的“入门课”，被企业录用的大学毕业生，也须经过严格礼仪训练才能上岗工作。

从上述关于礼仪的含义及其源流的叙述中可以清楚地看到：

第一，礼仪在中国作为社会秩序的一部分而受到中华民族历代贤良的广泛重视和提倡。

第二，礼仪是为维系和发展人际关系而产生的、并随着人际关系和其他社会关系的发展变化而发展变化的。它不仅是社会交往的产物，也是国际文化交流的产物。

第三，礼仪是施礼者与受礼者的情感互动过程。正如枟礼记·曲礼上椊所云：“礼尚往来，往而不来非礼也；来而不往，亦非礼也。”

第四，礼仪是一种程序，有一定的规则，不是毫无联系的某些行为的堆积组合。

第五，礼仪规范、程序是一定社会的人们约定俗成、共同认可的。

第六，遵行礼仪是现代人文明的重要组成部分，是人际交往的重要手段和途径。

资料来源：http://wenku.baidu.com/view/97ce756a1eb91a37f1115c97.html

思考与训练

1. 高职学生学习礼仪的意义是什么？
2. 高职学生应该掌握哪些礼仪规范？
3. 你怎么认识有人说的现代社会“无礼寸步难行”这句话？
4. 每位同学都收集一个礼仪故事，在课堂上与大家分享，并分析讨论。
5. 你有过下列失礼的行为吗？

——赴约迟到或失约不以为然。
——众人谈话，争先恐后，七嘴八舌，打断别人的话。
——边工作边聊天。
——不提前预约，随便串门，打乱别人的生活秩序。
——大堆人围着一个医生等着就诊。
——买东西你推我搡，不按先来后到的顺序排队。
——教师在上课，门外的人可以突然闯进教室发布一个通知。
——不断地更改既定计划，一时一个样。

模块二

言谈礼仪

导学案例

是什么使他失去了生意

人物：王熙然，女，某航运企业的老总

孙进，男，某货代公司销售经理

事件：一天，王熙然接待了来访的孙进。孙进被秘书领进王熙然办公室，秘书对王熙然说："王总，这是某货代公司的孙经理。"孙进先伸出手来，让王熙然握了握。王熙然客气地对孙进说："很高兴你来洽谈航运业务。这样吧，让我先看一看这些材料，再和你联系。"孙进在几分钟内就被王熙然请出了办公室。几天内，孙进多次给王熙然的秘书打电话，但得到的回答都是："王总人在外地，以后再联系。"

是什么原因让王熙然对一个只说了几句话的人采取如此拒绝的态度呢？秘书问及原因，王熙然说道："那是一个根本不懂礼仪的人。首次见面，他是一个男人，位置又低于我，怎么能像国王一样伸出高贵的手来让我握呢？当我握他的手时，他的手掌也没有任何反应，像死鱼一样，僵硬、冰冷。握手的这几秒钟，他就留给我一个极坏的印象。他的手没有让我感到对我的尊重，而且我认为他对我们的会面也并不重视。作为一个公司的销售经理，居然不懂基本握手方式，显然不是经过高级职业训练的人。其公司能雇用这样素质的人做销售经理，可见公司管理人员的基本素质和层次也不会太高。这样素质低下的人组成的管理阶层，怎么会严格遵守商业道德，提供优质、价格合理的服务呢？"

想一想 你认为孙进应该做出怎样的改变？

学习与训练目标

◇ 明确言谈礼仪的重要性，掌握言谈礼仪的基本知识

◇ 明确倾听的重要性，掌握倾听的技巧

◇ 练习在不同场合下的言谈内容与表达方式

子模块一　学 会 倾 听

在我们人类正常的交往过程中，言语担负着表达传递信息的功能，同时也是激励或抑制人们的行为和情绪的手段。因此，语言使用的礼仪与技巧在很大程度上决定交往的成功与否。那么，在各种活动中，如何做到言谈得体，彬彬有礼呢？

长镜头

丽萃为什么讨人喜欢

小说《傲慢与偏见》中，丽萃在一次茶会上专注地听一位刚从非洲旅行回来的男士讲非洲见闻，几乎没有说话。分手时那位绅士却对别人说："丽萃是个多么擅言谈的姑娘啊……"看，这就是认真倾听别人说话的效果。它能让你更快地交到朋友，赢得别人的喜欢。

卡耐基在与一位著名的植物学家聊天时，认真地听对方谈大麻和马铃薯的种植，结果他被对方评价为"最有意思的谈话家"。其实卡耐基本人并没有说几句话，只是在听的过程中表达出一种受益良多、并愿了解更多内容的愿望。

许多人不能留给别人好的印象，主要是因为他们不注意倾听别人讲话，他们太专注于自己要讲的话了——倾听是很重要的。

一、倾听的重要性

倾听是交谈的重要基础

西方人常说，上帝给人们两只耳朵、一张嘴，就是要人们多听少说。生活中，善于倾听者都是很受欢迎的人，滔滔不绝，喋喋不休的人则往往被大家所拒绝。这是为什么呢？心理学的研究成果提供了答案。原来，在人际交往中，人们总是更倾向于关注自己的问题和兴趣，如果有人愿意听他谈论自己，人们马上就会产生一种被重视的感觉，进而喜欢上谈话的对象。因此，倾听是对人最好的尊敬，也是对人的一种赞美。不管说话者是上司、下属、亲人或者朋友，还是其他人，倾听的功效都是同样的。

当然，倾听不仅仅是保持沉默，用耳朵听听而已。而是要认真理解、领会对方的真正意思并给予积极的回馈。如果我们只用眼睛或耳朵来接收文字，而不用心去洞察、发现对方的心意，结果只是浪费时间，并不能达到有效交谈的真正目的。

因此，真正的倾听，是要用耳朵、用眼睛、用心去倾听。就是说我们不但要学会用耳朵倾听，还要学会用眼睛去观察，用心去感受，这样的倾听，才能使你在谈话中既掌握主动又礼仪适度。

二、倾听的技巧

倾听的技巧

△目光交流　　△动作配合
△手势恰当　　△有效重复

（一）倾听时，用目光进行交流

当你说话时对方却不看你，你的感觉如何？大多数人会认为对方冷漠或对话题不感兴趣。虽然你只是用耳朵在倾听，但别人可通过观察你的眼睛来判断你是否真的在听。因此，谈话时跟对方要有适当的眼神交流，表达自己认真倾听和理解的态度。

小资料

倾听对方说话时，目光的位置

正常交谈时，视线应该是注视对方的双眼与嘴部之间。视线接触对方脸部的时间应占全部谈话时间的30~60%。超过这一平均值，可认为对谈话者本人比谈话内容更感兴趣；低于这个平均值，表示对对方不感兴趣。瞪大眼睛注视，表示对对方感兴趣，说明注意力集中。讲话者说完最后一句话时，可将目光移到对方的眼睛，这是在表示一种询问“你认为我的话对吗？”或暗示对方“现在该轮到你讲了”。

资料来源：杨继忠，胡浩，张宏铖.大学生礼仪.北京：北京理工大学出版社，2011.

（二）倾听时，用语言和动作配合，积极反馈

有效倾听的倾听者会对所听到的信息表现出兴趣，通过一些语言或非语言的信号，如运用自己的眼神、表情、插入语和感叹词等给交谈对象回馈。表示同意的点头、恰当的面部表情，与积极的目光接触相配合，都可以让说话的人知道你对他的谈话内容十分感兴趣，你在认真地倾听，从而使谈话更加的融洽。在用语言进行积极反馈时应注意的礼仪是：

1. 插入语要简单明了，通俗易懂

在倾听时，你可以简单地说：“是”、“太好了”、“真的吗”这样表示你态度的话，你也可以问一些问题，以鼓励对方继续往下说，这些都表明你对对方的谈话很留心。但是，千万不要把别人说话机会抢过来，除非对方已经说完了。

2. 不要在倾听中途打断说话者，更不要随便纠正别人的错误

在你表达自己的意见和态度之前，应该先让说话者把话讲完。在别人说话时不要试图去猜测别人的意思，等到他讲完，你自然就一切都明白了。不要随便打断别人讲话，要有耐心。

注意，当对方说话内容很多，或者由于情绪激动等原因，语言表达有些零散甚至混乱，你也应该耐心地听完他的叙述。即使有些内容是你不想听的，也要耐心听完。千万不要在别人没有表达完自己的意思时，就随意地打断别人的话语。当别人讲话时，随便

插话打岔，改变说话人的思路和话题，或者任意发表评论，都被认为是一种没有教养或不礼貌的行为。

当自己觉得对方说错了时，也不要轻易纠正别人的错误。因为不能保证对方说的一定错，即使错了，即时的纠正可能会使他难堪，从而失去了谈话的兴致。如果过激的话，彼此还可能发生争执，这样的话，谈话就没有办法继续下去了。

此外，使用开放性动作也是积极反馈的一种方式，代表着接受、容纳、兴趣与信任。这会让说话者感到你已做好准备积极适应他的思路，理解他所说的话，并给予及时的回应。它传达给他人的是一种肯定、信任、关心乃至鼓励的信息，是倾听中常用的技巧。

（三）不要做出令讲话者分心的举动和手势

倾听时应尽量避免做出让人感觉你的思想在开小差的举动，这样说话者就知道你确实是在认真地倾听。

在倾听时，以下行为为失礼的行为：一直看表；心不在焉地乱翻东西；随手拿笔乱写乱画等等。因为这些举动会让说话者感到你很厌烦或你对他讲的话题不感兴趣。更重要的是，这表明了你并没有集中注意力，因此很可能会漏掉说话者传达的一些有效的信息。

（四）有效重复

有效重复是指在倾听的过程中，用自己的话把说话者要表达的信息重新再叙述一遍。如有些人在倾听时会这样说：“你的意思是不是……？”或者“我觉得你说的是……”为什么要这样做呢？原因有二：一是因为有效重复是检查你是否认真倾听的最佳手段。如果你的思想并没有注意倾听或者在思考别的内容，你一定不可能准确地叙述完整的内容；二来这也是一种精确的控制机制。复述说话者的信息，并将此信息反馈给说话者，也可以检验自己理解的准确性。

总之，倾听需要做到耳到、眼到、心到。当你通过巧妙的应答把别人引向你所需要的方向或层次，你就可以轻松掌握谈话的主动权了。能做个耐心的听众是一件难能可贵的事，不管是在日常的社交过程中，还是在职业场合里，聪明的人都会做一个有耐心的听众，并且把你对说者的尊重和诚意表现在脸上，你将会有意想不到的收获。

子模块二　学 会 表 达

长镜头

幽默的语言让他赢得了生意

昆山有一家“泰远”旅社坐落于一个风景名胜区内。曾经有一位销售前往该旅社向这位老板销售券商理财产品，当他与那家旅馆老板在旅馆中进行磋商时，如同一般准客户的反应一样，那位老板这么对他说“这件事情让我再考虑一下，因为我还需要请示一下我的太太”。这家旅馆名叫“泰远”，与“太远”同音，因此在听完他的推脱之词后，这位销售就这么对他说“来到贵店‘太远’”，如是‘太近’的话，多来几次也无妨。但偏偏我却是身居在那遥远的上海……”听了这番话后，那位老板随之就忍唆不禁，笑个不停，结果在那一天这位销售人员就谈成了这笔生意。

想一想 如何让自己的语言幽默起来？

一、表达时态度要友好

表达的态度

感情真挚　　态度友善
用词文雅　　礼数周全

感人心者，莫乎真情。与人交谈时态度要诚恳，用词也必须准确、通俗。诚恳的谈话态度是使交往在友好气氛下进行的基础，文雅准确地用词则是交谈成功的保证。假如我们在交谈中说话的态度是漠不关心的，使用的言词是冷淡而犀利的，那谈话就不会取得成功。而在交谈中夸夸其谈或说空话、大话、假话，也会给人留下华而不实的印象。因为狂言滥语往往会贬低自己的形象。说话态度过于恭维又容易使人觉得虚情假意，那样的谈吐只能使人感到厌烦。感情真挚，态度诚恳，处处显示出善意，充满着温暖感情的言语才能够引起别人的共鸣，受到他人注意和尊敬。

因此，以真诚的态度，选择各种合适的话题努力去作优美而精准地谈论，用清新、流利、文雅的词句表达自己的意思和观点，是一个人言谈有礼，教养充分的体现。

二、表达的技巧要纯熟

表达的技巧

△正确使用敬语、谦语等礼貌用语　　△注意使用语言的场合
△多使用正面语言　　△宜使用亲切委婉的语言
△了解对方需求　　△注意语音语调

（一）与人交谈应正确使用敬语、谦语等礼貌用语

礼貌用语是指在人际交往中能简洁、明快地畅通信息传播，取得最佳的心理效应，引起满意的反馈，形成良好的交际情感氛围的规范的有声语言形式。是尊重他人的具体表现，是友好关系的敲门砖。在日常生活中，尤其在正式的商务场合中，礼貌用语十分重要。多说客气话不仅表示尊重别人，而且表明自己有修养；多用礼貌用语，不仅有利于双方气氛融洽，而且有利于交际。以语言的内涵为标准，礼貌用语可以分为敬语、谦语等。

敬语是表示对交往对象敬重之意的词语。常用的敬语有："请"、"您"、"阁下"、"尊"、"贵"等。如对德高望重者冠以"先生""前辈"等称呼；称呼对方的身份加上"贤"、"尊"、"高"、"长"、"令"等字眼，如"尊夫人"、"长兄"；"令"字则是称呼对方亲属的词汇，

如“令尊”、“令堂”等；问别人姓名单位常用“尊姓”、“大名”、“贵枝”；称别人住处为“府上”“尊府”；称别人的意见为“高见”；看望别人称“拜望”“拜见”等。

谦语是说话方用于自谦的一种谦恭用语。如向别人谦称自己的长辈用“家父”、“家母”、“家叔”、“家兄”等。谦称自己，如“鄙人”“愚兄”；用辈分低小谦称，如“小弟”“小女”，用地位低下谦称，如“在下”“学生”；称自己的住处为“寒舍”“蜗居”；称自己的意见为“愚见”；称自己作品为“拚作”“拙著”等。

使用礼貌用语要做到以“请”字开路，“谢谢”压阵，“对不起”不离口，“问候语”天天说，“敬语、谦语”不离口。作为新时代的高职生，我们应该养成使用礼貌用语的习惯。因为说“你好”可显示你的修养，表示对别人的尊重而拉近与人的关系；说“谢谢”可让别人感到心情愉快，对微不足道的事情也坦率表达谢意的人是广受欢迎的；多说敬语和谦语可以显示你的胸怀，一个对别人坦诚相待的人是能够获得对方真诚喜爱的。

（二）注意使用语言的场合

一般同学之间在生活中的交谈要使用生活语言。交谈时态度要坦诚相待，使交谈的气氛显得和谐一致，增加双方的心理容度。使用的语言要准确、简洁、通俗，让人一听就明白。在非专业性交谈中尽量不要使用专业术语，语言文字应朴实无华，既不要滥用词汇，使人产生故弄玄虚之感，也不要干巴枯燥，令人感到索然无味。所以在生活中，只要你多注意、多总结、多练习，你的谈吐一定可以赢得他人更多的尊重。

在正式场合的交谈则应更多地使用职业语言。“职业语言”是相对于“生活语言”而言的。例如在平常生活中的朋友聚会，你可以称呼你的朋友为哥们，但在正式场合，如大型接待活动，面试、商务谈判等，就必须使用正规的职业语言，称呼交往对象为先生或称呼其职务。有同学不太注意这一点，在正式场合对人称兄道弟，如在家唠家常一般，使自己显得缺乏职业素养和职业精神，有损自己的职业形象。

长镜头

他们为什么没中标？

甲、乙、丙三家公司被通知来某船舶公司进行项目竞标。不仅这个标的金额很大，更重要的是这家公司在业内具有举足轻重的行业地位，如能拿下这个项目，其战略意义不言而喻。三家公司都做了精心准备。因为这场角逐中，必须要淘汰掉其他两家对手。

从现场来看，无论是从哪方面来说，三家公司好像都不相上下，看不出谁是赢家。

第二天，丙公司被通知他们中标了。高兴之余，丙公司问为什么选择了他们。“说实话，我们确实不好选择，”船舶公司市场部经理笑着说，“不过，在各自陈述的时候，你们谈到我公司的需要时，称呼的是贵公司，而且是伸开手掌做的指点动作。另外两家公司在谈到我们公司的时候却说你们公司如何如何，并且还用一个手指大大咧咧地指着我们公司的老总，试想，我们怎么能选用一家连我们的老总都不尊重的公司合作呢？”

想一想　看完这个案例你有什么感想？

（三）与交往对象交谈，应该使用积极、正面的词汇

俗话说，“好言一句三冬暖，话不投机六月寒”。积极、正面的词汇是相对于消极、负面的词汇而言的。心理学研究表明，积极、正面、肯定的词汇能够使人良好的行为得到强化，从而使人因为感受到尊重而产生愉快的情绪。因此，在交往中多使用积极、正面的词汇，是一个人具有较高礼仪修养的表现。

例如，在商务接待中，如果你让客人久等了，见面时，常用的说法是“很抱歉，让您久等了……”这个“抱歉、久等”实际上在潜意识中强化了让对方“久等”的这个感觉，属于消极、负面的词汇。比较正面和积极的表达方式可以是“非常感谢您的耐心等待”或“很高兴您还没走”等。这句话强化的是耐心，可以让交往对象感受到自己的职业素养得到认可。

练一练

下列情景下，你该怎样回答

1. 看到同学帮你打饭时，菜撒了一地。
2. 上课迟到了。
3. 给老师送材料，但是拿错了。
4. 同学买了一件衣服，你认为不合身，你会怎么评价？

错误回答：

1. 你怎么这么不小心呢！
2. 对不起，我迟到了。
3. 对不起，我拿错了。
4. 你怎么买这件衣服啊，很不适合你的风格。

参考答案：

1. 谢谢你帮我打饭，我们一起来清洁一下吧！
2. 我下次一定准时。
3. 我马上去拿您需要的那份资料。
4. 我知道你很喜欢这件衣服，在某某场合穿正合适。

（四）应该使用委婉、亲切的语言进行交谈

有个同学对老师说，我这个人生性耿直，与人说话从来都是有什么说什么的，喜欢直来直去，不喜欢拐弯抹角，为什么同学们都不愿意和我交往呢？

想一想 说话太直是优点吗？

现实生活中，很多人的性格是心直口快，没有城府，说话从不拐弯抹角，一律直来直去。有时候这样的人会很受欢迎，因为人们觉得他率直，心无城府，交往起来很轻松。

可有时候这样的人却很让人头疼，因为他总是无意中伤害别人，常把人弄得下不来台却毫无察觉，工作上也常常带来损失。交谈时我们到底应该如何表达呢？

长镜头

交谈的艺术

在邮轮产品推介会上，代理商提出一个很尖锐的问题："你们的产品与别人的差不多，凭什么卖的比别人贵？""凭什么？凭我们的质量高……"如果你这样直来直去地回答，答案本身并没有错，但会让代理商感到你态度生硬，由此心生不满，影响到彼此地合作关系。正确的说法应该是：您的这个问题提得好，如果我是客户，我也会有同样的疑问，下面请您同我到邮轮上看一看……"通过这样亲切委婉话语不仅让交往对象情绪稳定下来，还给了自己进一步介绍产品的机会，所以，交谈中这种亲切委婉的"外交辞令"必不可少。

长镜头

幽默的语言艺术

罗斯福就任总统前，曾在海军部任职。有一次他的一位好友向他打听海军在加勒比海一个小岛上建立潜艇基地的情况。罗斯福向周围看了看，压低声问："你能保密吗？""当然能。""那么，"罗斯福微笑地看着他："我也能。"

委婉含蓄的拒绝，轻松幽默的情趣，既坚持了自己的原则立场，又没有使合作者陷入难堪，取得了极好的谈话语言技巧效果。

所以，在交谈中要时时把交谈对象的感受放在心上，运用亲切委婉的话语，创造和谐的交谈氛围，是必须要遵守的言谈礼仪。

（五）谈话时，应深入了解对方的需求，为其提供更多有用的信息

小资料

深入人心的语言艺术

付遥在《输赢之摧龙六式》一书中借主人公周锐的嘴说出了在商务场合运用语言技巧制胜的秘诀。

销售人员："早上好，张主任，今天是中秋节，我给您带来一盒稻香村的月饼。"

张主任："呵呵，谢谢。"

销售人员："我还希望能够向您推荐一种帮助您加强内部沟通，促进销售管理的通信方案，您看可以吗？"

张主任："好啊。"

销售人员："我们的企信通具备短信群发功能，可以进行即时或者定时发送，还有邮件提醒功能、日程提醒功能、资料管理和费用统计功能。"

张主任："能留下资料让我看看吗？"

销售人员："好的，有什么没有写清楚的，您随时电话问我吧。"

大家都能听出来这种销售方法确实过于简单生硬，林佳玲点点头："这是典型的产品销售，推销的味道很重。"

谢伊也觉得这种销售方法用处不大："不痛不痒、蜻蜓点水，他一出门，估计客户就把资料扔到垃圾桶里了。"

周锐还是希望有人能够更深入地说出这种方法的缺陷："为什么这种销售方式不痛不痒、蜻蜓点水呢？"

林佳玲轻轻说道："拜访结束之后，客户还是不知道这个产品有什么益处，能够帮助他解决什么问题。"

周锐举起右手，和林佳玲轻轻碰一下："对，这是关键。于是我帮他设计了一套新的销售方法，让他回去试试。"

销售人员："早上好，张主任，今天是中秋节，我给您带来一盒稻香村的月饼。"

张主任："呵呵，谢谢。"

销售人员："我还希望能够向您推荐一种帮助您加强内部沟通，促进销售管理的通信方案，您看可以吗？"

张主任："好啊。"

销售人员："您在全省有五百多个促销员，公司怎样将内部的信息发送给他们呢？"

张主任："什么信息？"

销售人员："比如说降价、促销或者放假的通知等。"

张主任："我们打电话通知。"

销售人员："通过电话？会不会有问题啊？"

张主任："什么问题？"

销售人员："促销员都在柜台忙碌，万一接不到电话怎么办？另外降价信息通过电话通知没有书面记录，会不会搞错？我上次和促销员在一起的时候，就听到他们有这样的反映。"

张主任："是吗？我还不知道。"

销售人员："如果真的因此搞错定价，会有问题吗？"

张主任："当然很严重。"

销售人员："既然这么严重，您有什么考虑吗？"

张主任：……

销售人员："还有，您在各个店面的促销员怎样将信息发送给公司呢？"

张主任："一般的事情打电话，有时候发邮件，没有固定的方法。"

销售人员："没有固定的方法？这样就不能及时得到每天的销量和库存了？"

张主任："我们现在每个月报销量和库存。"

销售人员："哎哟，这样会不会对销售管理造成困难？宝洁公司也是我的客户，他们和您的企业销售模式很相似，他们利用企信通的短信平台向促销员发送降价和促销信息，促销员也用这个系统每天上报销量和库存，取得很好的效果，有没有兴趣去看看？"

销售人员的成功之处就在于他非常清楚张主任及其企业的需要，在谈话过程中句句话都说到了张主任的心坎儿上，调动并满足了他的需要。相信在销售人员这样“循循善诱”的引导下，张主任的购买兴趣一定会被调动起来的。

资料来源：付瑶. 输赢之摧龙六式. 北京：北京大学出版社，2008.

（六）恰当自然地运用语音语调，是交谈成功的保证

一般情况下，柔和的声调表示坦率和友善，颤抖的声调表示情绪激动，略为低沉的声调表示同情。阴阳怪气则表示讽刺挖苦；用鼻音哼声往往表现傲慢、冷漠、恼怒和鄙视，是缺乏诚意的，会引人不快。

总之，我们在任何场合说话时，神态应该自然大方，态度应该诚恳亲切，表情应该愉快开朗，表现出诚挚专一的态度。同时，说话中还要注意讲好普通话，语音语调语速适中，不大声喧哗。措词贴切，态度客观，适合本人身份等也是非常重要的。

子模块三　了 解 禁 忌

在与人交谈时，不是什么话题都可以说的，有些话题是禁区，说了会失礼，影响交往的效果，甚至带来难以估量的损失。那么，在谈话中，有哪些禁忌需要注意呢？

一、交谈中不要涉及令对方不愉快的话题

令人不愉快的话题

△敏感事　　△隐私

不愉快的话题包括“敏感事”和“隐私”两大类。病亡、穷困、身体缺陷等都是让对方较为敏感的事，俗话说“当着矮人不说短话”，这类话题不提为好。随着社会的进步，人们对隐私越来越尊重，在交谈中凡涉及个人隐私的一切问题均应回避。

小资料

个人隐私五不问

著名礼仪专家金正昆教授为我们总结了个人隐私的交谈禁忌:

其一，不问收入。即不仅不问别人挣多少钱，且跟人家收入有关的直接和间接的问题全部不能问。

其二，不问年纪。年龄问题，其实是市场经济条件下人的立身之本。谈到年龄时会让很多上了年纪的人失去自信，或有即将"到站"的感觉。

其三，不问家事。家家有一本难念的经，不当家不知道柴米贵，不当家不知道家长累。

其四，不问健康。健康，是现代人在社会上养家糊口的资本，是事业的支柱，是人们的立身之本。随便与别人谈到这个问题，就很容易自惹麻烦了。

其五，不问经历。有道是：“英雄不问出处。”因为一个人的经历，就是他的背景，

是和收入一样的性质。

此外，遇见外国朋友时，除上面的五不问之外，还有一些需要注意的问题。首先，外国朋友不喜欢被询问他们的政治见解与宗教信仰。因为这些事情完全属于他的个人行为，不应该打探；其次，外国朋友不喜欢被询问他们现在忙什么呢。他们的自我意识较强烈，认为忙什么完全是我自己的事情；最后，外国朋友不喜欢被询问家住何处。家住何处属于很多外国人的个人秘密。

资料来源：金正昆. 礼仪金说 2——金正昆教你学礼仪. 西安：陕西师范大学出版社，2006.

二、要杜绝在背后说他人的短长

背后议论害人害己

与人交谈时不说他人的坏话，也不传闲话，这不仅是礼仪的需要，也是一个人道德品质水平的展现。富兰克林在谈到他成功的秘诀时曾说："我不说任何人的坏话，我只说我所知道的每个人的长处。"背后对人说长论短，这是最令人厌恶的事情。

所以，在交往中我们一定要坚持一个原则：人后说好话。如果真的对某人有意见，还是当面说的好。没有不透风的墙，背后说别人的坏话，总有一天会传到当事人耳朵里，后果比当面说还要恶劣。

三、不谈反常规的话题

反常规话题容易弄巧成拙

在交谈中有教养的人不以荒诞离奇、耸人听闻、黄色淫秽的内容为话题，也不开低级庸俗的玩笑，更不嘲弄他人的生理缺陷，因为那样做只会证明自己的格调不高。

四、不谈涉及国家机密和行业机密的内容

妄谈国家机密违法违纪

人们往往都有好奇心，这是很正常的，但满足个人的好奇心不能伤害到他人或集体的利益。不少人希望知道别人的事情，但是有些事情是有底线的，个人隐私就是底线，国家机密与行业机密也是底线。在交谈时，对于个人，不宜问隐私。对于国家机密和行业机密，我们国家有国家安全法和保密法，法律上明文规定这些也是不可以随便去打探的。因此，我们要严格遵守法律法规，交谈时不要信口开河，随意打探，让别人觉得你不可信。而且打探国家和行业机密是违法的，如果造成了严重后果，还要被追究法律责任。

五、不要谈论老生常谈或过时的主题

老生常谈讨人嫌

老生常谈或者过时的话题会使人产生谈话者知识贫乏、信息落后的感觉。交谈时间久了，还会让听众产生谈话者啰唆、讨厌，缺乏礼仪修养的感受。所以，在交谈中应该尽量避免。

长镜头

哪种人的言谈让人心生厌烦？

其一，矫揉造作或话题太专业。与人沟通交流过程中，谈话文雅是一个人的修养的体现，但过分修饰语句，包括什么“之乎者也”、夹杂几个蹩脚英文单词则会给人留下“卖弄”的感觉；不要把谈话当成专题讨论会，满口专业术语让人听不懂。

其二，语言粗俗，格调低下。有人在交谈中完全不管环境场合的大声说笑，随便开一些粗俗玩笑，非常令人生厌。

其三，语速不适中，有严重的口头禅。讲话速度过快或过慢或带着许多口头禅都会让人觉得不舒服。

其四，自我吹嘘，喋喋不休。谈话中适当自我推销一下是获人尊重的良方，可一旦过分就变成自我吹嘘，让人讨厌。

其五，尖酸刻薄、抬杠拌嘴。有人总爱和别人抬杠拌嘴，说话尖酸刻薄，认死理。这样的人容易树敌。

其六，谈话浅薄，不懂装懂。讲话爱“教诲别人”或讲外行话或言不及义，言辞单调，词汇贫乏，语句不通，白字常吐，不如谦虚谨慎，不妄发议论。

其七，胡言乱语，不避忌讳。忌讳，是人类视为禁忌的现象、事物和行为，避忌讳的语言同它所替代的词语有约定俗成的对应关系。社会通用的避讳语也是一种重要的礼貌语言，它往往顾念对方的感情，显示对交谈对象的尊重。

在正式场合，通常我们该谈什么内容呢？著名的礼仪教授金正昆给出了具体的答案。

小资料

社交四宜谈

当代礼仪大家金正昆先生为我们详细介绍了在社交场合适宜谈论的话题:

第一，宜谈双方拟定的话题。正式场合的交谈必须围绕双方拟定好的话题进行，不能谈论不着边际或与当前话题完全不搭配的话题。

第二，宜谈格调高雅的问题。与别人交谈时，应该选择一些有文化、有品位的话题来谈，这样能够体现你的见识或阅历。历史的、哲学的、文化的、时下的政治热点问题等等，都是格调高雅的问题，都是可以作为谈话内容的。

第三，宜选轻松愉快的话题。比如，电影电视、名胜风光、烹饪小吃、休闲方式等等，都是通常适合与人谈论的轻松愉快的话题。

第四，宜谈对方所擅长的话题。闻道有先后，术业有专攻。你向对方请教他所擅长的问题，其实是最容易讨巧的话题。此举还可以表示你的教养以及对对方的尊重，可谓一石三鸟。

总的来说，我们所说的以上这四个话题，都是交谈时应该优先选择的。

资料来源：金正昆.礼仪金说2——金正昆教你学礼仪.西安：陕西师范大学出版社，2006.

总之，在生活中，语言表达是一门大学问，不仅需要熟练掌握和娴熟运用礼仪规范，还应时时刻刻把交往对象的需求放在心上，认真倾听，只有这样才能符合礼仪的真谛，取得满意的交往效果。

思考与训练

1. 举例说明言谈礼仪的重要性。
2. 寻找10个大家平时喜欢交谈的话题，记录下来。
3. 请练习用正面的语言与人交谈。
4. 观察你的好朋友，了解他（她）的需要，并与之交谈。
5. 多看一些描述幽默机智语言的小故事，并讲给大家听。
6. 调查本班10个同学，看看他们家乡关于言谈的禁忌主要有哪些。

模块三

举止礼仪

导学案例

过分的热情

一次，一位女性礼仪专家去给一个企业做礼仪方面的培训。讲课时，该企业的领导进来冲着专家热烈地伸出双手。此时，礼仪专家正在操作电脑做幻灯的演示，来不及调整内容，只能慌忙伸出手来回应，领导双手紧紧握住专家的手，上下晃动着，嘴里说着感谢的话……。看得出这位领导很重视此次培训，也很感谢专家的光临。他伸出双手使劲地握专家的手，表示出对培训效果的期待和重视。终于握手和寒暄完毕，专家继续讲课，但双手已经被领导握得汗湿，只能继续笨拙地操作鼠标……。

想一想 这位领导的做法哪里不妥?

学习与训练目标

◇ 了解举止的概念和功能，理解举止礼仪的重要性
◇ 掌握举止礼仪的基本常识和基本规律
◇ 掌握在各种场合中高职生应有的举止行为

子模块一　什么是举止

一、举止的定义

举止的定义

举止一般情况下被称做体态语言，是非言语交往手段的一种主要表现方式。

举止一般情况下被称做体态语言，是非言语交往手段的一种主要表现方式。非言语

交流手段是指不以自然语言为载体进行信息传递，而是以人的仪表、服饰、眼神、表情、动作、距离等非语言信息作为沟通媒介进行的信息传递。简单地说，就是除了用语言交流的其他任何形式的交流。（仪表、服饰等我们将在下一个模块谈到，这里主要说明眼神、表情、动作、等涉及人举止的体态语的内容）

言谈举止是一个人礼仪修养的外在行为表现，也是一个人风度气质的集中展现。因此我们平时要加强学习和练习，让自己拥有得体的举止行为。

二、举止的功能

举止的功能

举止是一个人潜意识的真实流露，反映出一个人的修养气质。

作为无声的交流语言，人的举止有三个特点：一是持续性，即其过程是连续不断、不可分割的。二是多样性，即传递同一信息时，可以多种举止并行。三是可靠性，相对于口语而言，它主要是人的潜意识的流露，因此，对人内心世界的反应也就更加真实。

美国传播学家艾伯特梅拉比安曾提出一个公式：信息的全部表达=7%语调+38%声音+55%肢体语言，从一个方面也证实了举止对人际交往的重要影响。

长镜头

举止对交往的影响

在日常生活中举止对交往的影响，马兰德罗等（孟小平译，1991：14–15）归纳出六大功能：

1. 补足功能（Complementing）

如果你考试得了个A，老师拍着你的肩膀说：“真棒!”，老师拍肩膀的动作就补充了他的言语信息。

2. 抵触功能（Contradicting）

当你收到一份不太想要的礼物时，你可能口头表示高兴，但你的表情可能与你的言语信息相矛盾，甚至两种表情相互矛盾，比如微笑的同时又皱眉等。

3. 重复功能（Repeating）

你问人家可否借你两块钱，对方问：“多少？”你可能不再口头重复，而是伸出两个手指头比划一下。这一手势就重复了你刚才说的意思。

4. 协调功能（Regulating）

你听别人谈话，不断地点头，这可以表示理解，起到鼓励对方谈下去的作用；你谈了一阵子，后来慢慢地降低语调，这可以暗示一个意思说完了，让对方接着说。点头与降调都能起到协调双方交流的作用。

5. 替代功能（Substituting）

你的同学在众人面前揭你的短，你不便当众阻止她，所以瞪她一眼，这怒目一视就是以非言语信息替代言语信息。

6. 强调功能（Accenting）

一位经验丰富的演说者在演讲到要点前后，往往会停顿一下，这个停顿就起到了一种强调作用。

非言语行为的调节功能在不与人面对面交流的情况下，也同样存在。比如 1973 年科恩（熊文华等译，1990：6）论证了人们在打电话时也同样做手势的事实，这些手势可以帮助人们从容不迫地表达思想。此外，有时在自己埋头写东西时，人们也会做手势，脸部也会有表情。可见非言语行为在自我内向交流（Intrapersonal Communication）过程中也有一定作用。

长镜头

罗西的表演

有一次，意大利著名悲剧影星罗西应邀参加一个欢迎外宾的宴会。席间，许多客人要求他表演一段悲剧，于是他用意大利语念了一段“台词”，尽管客人听不懂他的“台词”内容，然而他那动情的声调和表情，凄凉悲怆，不由使大家流下同情的泪水。可一位意大利人却忍俊不禁，跑出会场大笑不止。原来，这位悲剧明星念的根本就不是什么台词，而是宴席上的菜单。可见体态语在交往中的作用是很大的，用好体态语，可以收到事半功倍的交往效果，反之亦然。

一个人的外在行为举止可直接表明他的态度，一个人修养气质的具体表现。在交往中，我们应该努力做到举止彬彬有礼，落落大方，遵守一般的进退礼节，尽量避免各种不礼貌、不文明行为与习惯。

优美的举止不是天生就有的，而是后天经过认真训练得到的，通过持之以恒的科学训练，可以使我们掌握正确的举止姿态，矫正不良习惯，达到自然美与修饰美的最高境界。

子模块二 眼 神

一、眼神的作用

眼神的作用

眼神与谈话之间有一种同步效应，它忠实地揭示着语言的真正含义

“一身精神，具乎两目”。俗话说，眼睛是心灵的窗户。眼神，是人际间最能传神的体态语之一。“眉目传情”、“暗送秋波”等成语形象地说明了眼神所具有的反映深层心理的特殊功能。据研究，眼神实际上是指瞳孔的变化过程。瞳孔是受中枢神经控制的，它如实地显示着脑正在进行的一切活动。人在兴奋时瞳孔放大，传达正面信息

（如喜欢、兴奋、愉快、欢迎、渴望）；人在生气难过时瞳孔缩小，传达负面信息（如消沉、沉闷、戒备、厌烦、愤怒）。人的喜怒哀乐、爱憎好恶等思想情绪的存在和变化，都能从眼睛这个神秘的器官中显示出来。眼神与谈话之间有一种同步效应，它忠实地揭示着语言的真正含义。合理地进行目光接触，既是一种礼貌行为，又是正确表达的保证。

二、目光交流应注意的问题

（一）注视的时间

与人相处，若注视对方的时间占全部时间的 1/3 左右，表示友好；不足 1/3 表示轻视；占到 2/3 左右，表示重视；超过了 2/3，则表示兴趣十足或者怀有敌意。

（二）注视的角度

平视，适用于与身份、地位相当之人的平等交往；侧视，含有轻蔑不敬之意，表达对对方的不重视和抵触；仰视，表示尊重或敬畏，适合与领导或长辈的交往；俯视，表示对晚辈的宽容、怜爱，也可表示轻慢、歧视。

（三）注视的部位

短时地注视对方双眼，表示聚精会神、专心致志，称为关注型注视；注视对方额头，表示严肃、认真、公事公办，称作公务型注视；注视对方眼部至唇部，是交际场合的常规，称为社交型注视；随意一瞥他人身上任意部位叫做随意型注视，也叫瞥视，表示注意或者敌意。只有亲密爱人之间，注视的部位可以是双眼和胸部之间。所以，交往中要正确选择眼睛注视的部位，以免使产生歧义。

（四）注视的方式

直视，表示认真、尊重、坦诚；虚视，即目光不聚焦于某处，眼神不集中，表示胆怯、疑虑或失意；扫视，即上下左右反复打量，表示好奇、吃惊；环视，即与多人交往时有节奏地注视不同的人或物，表示“一视同仁”；他视，即与人交往时眼望他处，表示胆怯、害羞、心虚、反感、心不在焉；无视，即闭上眼睛不看对方，表示疲惫、反感、没有兴趣。

（五）注视的变化

目光、视线、眼神的变化，都反映着内心情感的变化。比如：眼皮眨动很快表示活跃、思索；很慢表示轻蔑、厌恶；瞳孔突然变大放光表示惊奇、喜悦；突然缩小无神表示伤感、失去兴趣；眼球反复转动表示心有所思等。需要注意的是，在交往时，交往双方一定要有目光接触，不是指整个交往过程总是盯着对方的眼睛凝视。而是指双方要进行目光交流。英国人体语言学家莫里斯说：“眼对眼的凝视只发生于强烈的爱或恨之时，因为大多数人在一般场合中都不习惯被人长时间地凝视。”长时间的凝视有一种蔑视和威慑的作用。因此，一般在商务社交场合不宜长时间使用凝视。

此外，如果有人在交往过程中企图回避对方视线，不愿进行目光接触，或是眼神闪烁不定，那么，他极有可能是想要掩饰一些事情，或者内心有愧疚，总之是不愿意让对方察觉到自己的真实想法。如果在交往过程中几乎不看对方，则是怯懦和缺乏自信心的表现。

同学们只有在平时加强自身修养，拥有丰富的知识和阅历，充满自信，才能使自己的眼神清澈、平和，取得良好的交往效果。

练一练

如何让自己的眼神"活"起来

1. 在镜子前，把自己设定于某种意境中，寻找相应的眼神表现并反复练习。把喜、怒、哀、乐、怨、恨、愁不同的心境表达出来，然后自己再对自己的眼神做出评价。

2. 用眼神在空中写字母，比如写个 K，再继续写个 Y，然后跟着眼神写出的字母位置不断变化，这样可以让眼神变得精神起来。

3. 平时多做眼的保健操，眼睛疲劳时用热毛巾捂住眼睛闭目休息一会，以便于眼睛的保健。

4. 饮食上可以补充一下含有维生素 A 的食物，如胡萝卜等，有提高眼视力的作用。

当然上述方法需要长期坚持，持之以恒方能取得效果。

子模块三　表　　情

一、表情的作用

表　　情

表情也称面部表情，是指头部（主要是脸部）各部位对于情感体验的反应动作。笑与无表情是面部表情的核心，任何其他面部表情都发生在笑与无表情两极之间。

表情也称面部表情，是指头部（主要是脸部）各部位对于情感体验的反应动作。它通常与讲话者的讲话内容相配合，向听者传递各种信息。面部表情可以分为八类：感兴趣—兴奋；高兴—喜欢；惊奇—惊讶；伤心—痛苦；害怕—恐惧；害羞—羞辱；轻蔑—厌恶；生气—愤怒。一般来说，眼睛和口腔附近的肌肉群是面部表情最丰富的部分。达尔文在《人类与动物的表情》一书中指出，现代人类的表情动作是人类祖先遗传下来的，因而人类的原始表情具有全人类性。这种全人类性使得表情成了当今社交活动中少数能够超越文化和地域的交际手段之一。

二、表情的内容

笑与无表情是面部表情的核心，任何其他面部表情都发生在笑与无表情两极之间。

（一）笑

笑是人们表达思想感情最直接的手段，笑的种类很多，从笑的形态看，有满足的大笑，尴尬的苦笑，会心的微笑等，从笑的机制来看，有生理的笑，社会的笑，心理的笑等等。在这里，我们主要研究会心地微笑。如图 3-1 所示。

图 3-1　微笑

长镜头

第九次微笑

大学毕业那年，我应聘到广州一家很有名气的四星级涉外大酒店的餐饮部当服务员。试用期的基本工资为 1 500 元，因此我十分珍惜这份来之不易的工作，一直表现得很出色。要知道，在广州的人才市场，博士生都成了过江之鲫了！

谁知，就在我结束试用期的前两天晚上，却发生了一件意想不到的事。

那天晚上，有个港商模样的人单独要了一间房，指名道姓要我为他调送一杯咖啡。当时，我正为其他几位贵宾服务，忙得脱不开身，等轮到去他那里时，按他约定的时间已经迟到了 20 多分钟了！我小心翼翼地把咖啡给他调好送去，面带微笑地说："先生，首先感谢您对我的欣赏和信任，但由于暂时没能抽出身来，耽误了您的时间，我感到非常抱歉！"这位港商却不领情，把左手一扬，正好碰到我双手捧着的咖啡杯，咖啡溅了我一身。可他视而不见，指了指手表说："多长时间了？哼！像你这样服务，还像个四星级酒店吗？"

我知道今天遇上了找碴儿的主，接下来的时间里，我就更加全心全意地为他服务，不敢有半点马虎。他要什么，我就给什么，动作十分麻利，语言也特别温柔和细腻。尽管他一点也不合作，仍旧一副怒气冲冲、财大气粗、出口伤人的姿态，我都毫不介意，始终挂着一脸甜甜美美的微笑。他说英语，我就用英语配合；他说粤语，我就用粤语交谈；他说普通话，我就用普通话与他沟通。尽管他的发音不准，产生了歧义，我都把责任揽到我身上，因为我知道，顾客永远是对的。

他的态度冷漠而傲慢，临走的时候还问："有意见簿吗？"我心里一沉，知道他还是不能原谅我，要投诉我，如果遭到他的投诉，我就完了！我这 3 个月来的努力全白费了！但是，出于职业道德，尽管内心十分委屈，我还是表现得非常有礼貌，仍然面带微笑地双手呈上意见簿向他真诚地说："请允许我为您莅临我们酒店表示感谢，更为我今晚的服务不佳再次表示深深的歉意。您有什么意见和看法尽管写上去，我欣然接受您的批评。如果您还能给我一次机会，我一定能打动您！"

那位港商听了我的话，久久不动。我分明看见他冷冷的眼睛里绽出了一丝丝的暖意，但仅在几秒钟后，就消逝得无影无踪了。他最终还是提起笔写下了他的意见，而且那措词十分严厉，指责我笨，素质低，不称职！

我欲哭无泪。下班后，我把这一晚的遭遇向我的小姐妹们讲了，她们都为我感到愤愤不平，要我把那位无情无义的港商的意见撕了。其实那东西就是做给人看的，哪个不是把顾客的表扬交上去，把顾客的意见撕了？如果我不这样做，第二天，也就是我试用期的最后一天，都没有上班的必要了，反正上了也是白上，只等第三天的早会拿通知走人就好了。

但是我没有那样做。我反复思考了一个晚上，觉得撕掉顾客的留言是一种欺骗行为，那种弄虚作假的事我坚决不干！不去上班也不行，只要没有宣布我走人之前，我就是酒店的员工，我就应该为酒店出一份力，作一份贡献。于是，第二天晚上，我像什么事都没发生一样投入到工作中去了。

第三天早会，我一直忐忑不安。餐饮部经理宣布录用员工的名单中，果然没有我的名字！几十道目光齐刷刷地投在我的脸上，我满脸通红，泪水直在眼眶里打转转。

就在大家都把注意力投向我，我还没有回过神来的当儿，经理又宣读了他的任命书，说是根据酒店总经理的特别提议，任命我为餐饮部的领班！什么？这是根据总经理的特别提议……我蒙了！同事们都蒙了！接着响起雷鸣般的掌声，经久不息。

会后，餐饮部经理带我去见了酒店老总，没想到，他就是那晚刁难我的港商，不用说，他一定是听到我在酒店里3个月不到就好评如潮，专门来试探和考验我的。他说："虽然你的综合素质表现得很不错，但真正能打动我的，还是你的微笑，那一脸甜美灿烂的微笑，你一共发挥了九次！特别是你的第九次微笑，那种毫不矫情的，纯真的笑，简直可以击退我最后一道冷漠的防线！当时，我真想把我的批评写成表扬，但是，我终于克制住了，再考验你一次又何妨？结果，你又得了满分，印证了你的微笑是多么的真实!"

后来，我只在这个领班的位置上锻炼了两个月，餐饮部经理调离，我就接替了他的位置。五个月，从服务小姐到经理，竟是那九次微笑改定了我的人生！如果每个人都能奉献出自己善良而真诚的微笑，我相信这个世界也将为之改变！

同学们，你们看了这个同龄人的亲身经历，有什么体会呢？

资料来源：李清林. 第九次微笑. 出版参考，2003（32）.

1. 微笑的作用

微笑表示肯定、满意，可给人以尊重、亲切、温暖、愉快、和蔼、可信的感觉。微笑来自快乐，也创造快乐。在交往过程中，双方都从发自内心的微笑中获得这样的信息："我们是朋友"。

真诚的微笑是社交的通行证，是最富有吸引力的表情。北京奥组委历时五年，在全世界各地征集了2008个笑脸，当在2008北京奥运会的开幕式上展示出这些笑脸的时候，所有的人都被感动了，全世界人民通过这些笑脸看到的是中国人热爱和平、为人友善诚信、和蔼、谦恭、融洽等美好的感情。

因此，微笑是自信的象征，礼貌的表示，心理健康的标志，是取得成功交往效果的重要保证。

2. 微笑的基本要求

微笑必须发自内心，渗透感情，自然流露，切不可故作笑颜，曲意奉承。只有真诚的微笑才能赢得人心，具体要求如下：

（1）要口眼鼻眉肌结合，做到真笑。

发自内心的微笑，会自然地调动起人的五官：眼睛略眯起、有神，眉毛上扬并稍弯，鼻翼张开，脸肌收拢，嘴上翘，唇不露齿。做到眼到、眉到、鼻到、肌到、嘴到，才会亲切可人，打动人心。

（2）要神情结合，显出气质。

笑的时候要精神饱满、神采奕奕，要笑得亲切、甜美。这样的笑伴以稳重、伴以文化修养，就能显出气质。微笑在于它是含笑于面部，“含”给人回味、深刻、包容感。如果露齿或张嘴笑起来，再好的气质也没有了。

（3）要声情并茂，相辅相成。

微笑和语言美往往是孪生姐妹，甜美的微笑伴以礼貌的语言，两者相映生辉。如果脸上微笑，却出言不逊，语言粗野，其微笑就失去了意义；如果语言文明礼貌，却面无表情，会让人怀疑你的诚意。只有声情并茂，你的热情、诚意才能为人理解，并起到锦上添花的效果。

（4）要和仪表举止和谐一致，从外表形成完善统一的效果。

彬彬有礼的行为举止，精致适合的仪容仪表，再配以甜美的微笑，会为你的气质平添许多风采，起到增加个人的魅力，促进交往的作用。

长镜头

何谓“希尔顿式”的微笑？

“希尔顿式”的微笑是以国际饭店之王康纳•希尔顿的名字命名的一种微笑方式。它要求嘴角外展，露出上面的八颗牙齿，眉开、眼笑。如图 3-2 所示。

图 3-2　希尔顿式微笑

3. 微笑的禁忌

（1）不要缺乏诚意、强装笑脸，皮笑肉不笑。

（2）笑容不要收得太快，让人觉得莫名其妙。

（3）不要仅为情绪左右而笑，显得笑容空洞，缺乏感染力。

（4）不要把微笑只留给上级、朋友等少数人，像个势利小人。

练一练

让甜美的微笑成为习惯！

- 对着镜子通过一些相似性的发音口型（茄子、七仔等），找到属于自己的最美的微笑状态。
- 通过回忆自己曾经的往事，幻想自己将要经历的美事，引发微笑。
- 通过与同学互相分享彼此的高兴事，引发微笑。
- 要求自己见到同学和老师，微笑示意。

（二）无表情

1. 什么是无表情

无表情的面孔，眼睛平视，脸部肌肉几乎不动。如图 3-3 所示。这样的面孔，试图将一切情感都隐藏起来，叫人不可捉摸，是最令人窒息面孔，实际上它往往比露骨的愤怒或厌恶更深刻地传达出拒绝的信息。有的人错把无表情当成冷峻，觉得很酷，殊不知无表情的面孔恰恰暴露了对他人的漠视和不尊重的情感，是最失礼的表现。

无表情不等于无感情，无表情的人很多时候都是在极力压抑情感。因此，从面无表情的脸上可以看到同说谎者的表情类似的内心痕迹。随着面无表情者心情的变化，脸部的肌肉不变化，必然会呈现不自然的表情，例如会眨眼、皱鼻子、脸部抽动等。这些都表现出了内心的不满或自卑感。所以，无表情背后往往表达了交往主体真正的意图，了解这些意图，对促进我们的交往具有非常重要的意义。

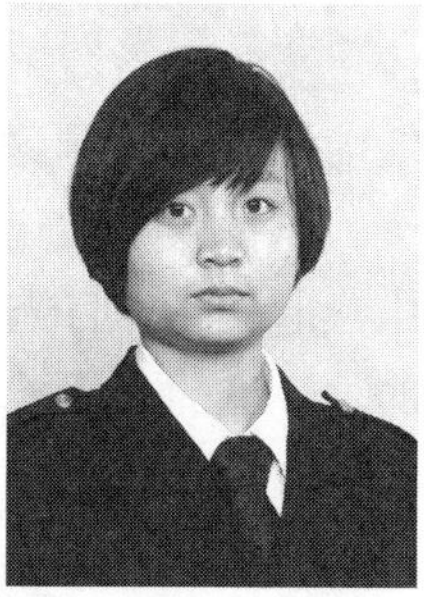

图 3-3　无表情

2. 解读无表情背后含义的方法

同样的无表情，有时展现出的是极端的不关心和忽视，有时却是相当重视的表现。比如，当一个女孩对一个男孩产生爱慕之心时，由于羞于对自己爱慕的对象表现得过于露骨，也不想让第三者知道，这就使她进入了左右为难的状态，面对自己喜欢的对象，常常用无表情掩饰内心巨大的情绪波动。所以，当你喜欢的对象对自己露出这样毫不关心的表情，而非厌恶或戏谑，就说明他（她）心中在乎你，此时就可以继续向他（她）传递自己的心意。因此，掌握解读无表情背后真正含义的方法，对促进我们的交往有很重要的作用。

（1）注意脸部的重要线条。

情绪心理学研究表明，脸上的某一块区域对辨认某些情绪特别重要。如对悲伤、恐惧而言，眉毛及额头传递的信息就特别重要；而厌恶与喜悦的情绪则以嘴巴的表情最有意义。只要抓住对方脸部几个重要的线条，特别是眼部和嘴周围的肌肉动作，我们就能理解这个人的真实情感。那么，人的脸部究竟有哪些重要线条值得注意呢？

嘴角的线条首当其冲，应注意嘴角是上扬还是下垂，嘴是张开还是紧闭。眉眼处的线条也很重要，应注意眉毛是上扬还是下垂，眼角是上扬还是下垮，眼睛是睁大的还是微眯。还要注意额头，眉毛上扬到额间有横纹，眉头紧蹙则眉间有直纹，都代表不同的含义。忽略了这些细节，就无法看到他人稍纵即逝的微妙情感。

（2）抓住无意识状态。

我们的表情时常在隐瞒或伪装自己，因此，要探知一个人的真实情感是很困难的。不过，当一个人表面上装得若无其事，其实是在努力克制自己情感时，其心理线索仍然是有迹可循的。

我们可以设想一下，一个人要控制发怒或忍耐不愉快的事情时，精神会绷得很紧，表情也会随之僵化，甚至出现面部痉挛。这种心理状态和一个吹胀的气球类似，当我们用手捏住气球的一个地方，别的地方就会鼓起来了。所以当我们在情绪高昂时，精神的紧张度就会有所增加，这时如果内在的情绪没有外露，肌肉就会变得紧绷，必定会通过某些细节表现出来。如过分地皱眉、不停地眨眼、不正常的面部抽动、鼻尖出现皱纹等，这都是被压抑的情感在无意识地表露。总之，通过这些不均衡的表情，我们可以初步判断这个人正在隐瞒自己真实的情感。

（3）抓住瞬间的“微表情”。

掠过脸上的细微表情往往暴露出说话人真实的感情。看破谎言的关键在于对脸部和手部动作的观察，特别要注意眼和嘴周围肌肉的动作。比如说，当人觉得自己撒谎成功的时候，嘴角会微微上翘。这种被称为“微表情”的表情只持续不到0.05秒。只要善于发现，就能经常注意到这种“微表情”，比如说谎时面目表情不对称、频繁眨眼等。因为，当一个人试图唤起自己的记忆回答问题，他会把目光暂时移开；如果撒谎时，他早有准备，不用唤起记忆，目光则不会移动。过去，我们觉得一直注视我们说话不移开眼光的人是真诚的，说谎的人不敢看着对方。实际恰恰相反，越是心里“有鬼”越倾向于看着对方说话。

还有人“睁着眼说瞎话”，明明清楚对方提出的问题，却说“我怎么知道”，此时多半他（她）的一边眉毛正往上扬。

总之，如果我们注意观察，掌握一定的方法，一定可以从无表情中了解到很多有价值的信息。

子模块四 动　　作

达芬·奇曾说过，精神应该通过姿势和四肢的运动来表现。在人际交往中体态动作往往能把潜意识中的真实态度表达出来。如身体各部分的肌肉如果绷得紧紧的，可能表示内心紧张、拘谨，在与地位高于自己的人交往中常会如此；略微倾向于对方，表示热情和有兴趣；微微起身，表示谦恭有礼；身体后仰，显得若无其事和轻慢；侧转身子，表示嫌恶和轻蔑；背朝人家，表示不屑理睬；拂袖离去，则是拒绝交往的表示。因此，在交往中，人们往往根据一个人的体态动作来判断这个人是否具有礼仪修养，可见体态动作对交往的影响是非常大的。

一、手势

手势是人们在交往过程中用来传递信息的用手做出的各种动作。人们用手来表示各种各样的情感，它是人类最早使用的、至今仍被广泛运用的一种交际工具。在社交场合常见的手势主要有握手、指示、指引、鼓掌等。

（一）握手

握手，是在相见、离别、恭喜或致谢时相互表示情谊、致意的一种礼节，双方往往是先打招呼，后握手致意。美国著名盲聋女作家海伦·凯勒曾写道：手能拒人千里之外，也可充满阳光，让你感到很温暖……事实也确实如此，因为握手是一种无声的动作语言，恰当地握手，可以向对方表现自己的真诚与自信，也是接受别人和赢得信任的契机。

握手的基本要领如下：

握手时，距离受礼者约一步，上身稍微向前倾斜，眼睛注视对方的眼睛，两足立正，伸出右手（不能伸出左手与人相握），四指并拢，拇指张开，手掌处于垂直状态，向受礼者握手。如图3-4所示。握手的力度要掌握好，握得太轻了，对方会觉得你在敷衍他；太重了，人家不但没感到你的热情，反而会觉得你是个老粗。女士在握手时，

图3-4 握手

不要把手平平地、软绵绵地递过去（俗称死鱼手），显得连握都懒得握的样子。很多女士认为这样可以显出女性的矜持，殊不知，这样的握手恰恰暴露了自己无知无礼的态度。因此，既要握手，就该大大方方地握，把对别人真诚地接纳、尊重的态度表示清楚。平常的握手只需几秒钟即可，双方手一松开，目光即可转移。握手的次序，一般都是女士先伸手，男士再握手，领导、上级和长辈先伸手，下级和晚辈再握手，主人先伸手，客人再握手。握手时，对方伸出手后，我们应该迅速地迎上去。握手的时候最应该避免的是很多人互相地交叉握手。

（二）鼓掌

鼓掌，是用以表示欢迎、祝贺、支持的一种手势，多用于会议、演出、比赛或迎候嘉宾。

鼓掌的基本要领：

以右手掌心向下，有节奏地拍击掌心向上的左掌。如图 3-5 所示。必要时，应起身站立。但是，不应以此表示反对、拒绝、讽刺、驱赶之意，即不允许“鼓倒掌”。

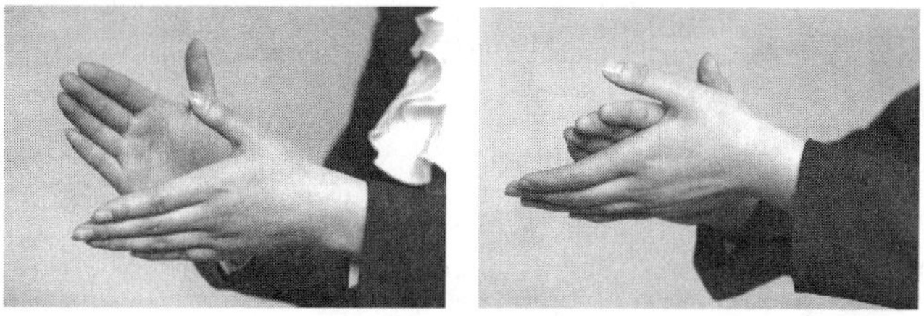

图 3-5　鼓掌

（三）夸奖

这种手势主要用以表达对他人的赞赏和肯定。

夸奖的基本要领：

图 3-6　指示

伸出右手，翘起拇指，指尖向上，指腹面向被称道者。但在交谈时，不应将右手拇指竖起来反向指向其他人，因为这意味着自大或藐视。以之自指鼻尖，也有自高自大、不可一世之意。

（四）指示

这是用以引导来宾、指示方向的手势。

指示的基本要领：

把手臂伸直，手指自然并拢，手掌向上，以肘关节为轴，指向目标。同时头随手动，眼睛要看着目标并兼顾对方是否看到指示的目标。如图 3-6 所示。

除了做好上述手势之外，还应该避免出现一些不雅的手势。如在他人面前搔头皮、掏耳朵、揉眼睛、剜眼屎、抠鼻孔、剔牙齿、抓痒痒、咬指尖、折衣角等。这样一些手势，均极不卫生，令人厌恶，自然是不当之举。此外，用手指指点他人等动作，也属失敬于人的手势。

二、身体姿态

（一）站姿

基本要求：“站如松”。

标准做法：男士、女士的自然站姿都是头抬起，面部朝向正前方，双眼平视，下颌微微内收，颈部挺直，双肩放松，呼吸自然，腰部直立，双臂自然下垂，置于身体两侧，手部虎口向前，手指稍许弯曲，指尖朝下，两腿立正并拢，双膝与双脚的跟部紧靠于一起。两脚尖呈“V”形分开，二者相距约一个拳头的宽度。站立时，注意提起髋部，身体重量应平均分布在两条腿上，保持稳定。如图 3-7 所示。

图 3-7　站姿

要点：肩胛骨下沉平放，颈椎、腰椎、脊椎、臀部、膝盖向上提，自然挺拔，身体重心在两腿正中。两眼平视，目视前方。

注意：男士的站姿应刚毅洒脱，挺拔向上；女士的站姿应庄重大方，秀雅优美。因此正面直立两脚跟并拢的“V”型站姿，女士过多采用会显得笨拙、显不出亭亭玉立的曲线；而男士过多采用会略显拘谨、不够大方，故应当慎用。

练一练

女士“丁”字步站立

要领：一脚在前，一脚在后呈“丁”字步。要求站“丁”字步时，后脚尖与肩部同一方向。前脚尖向正前方，脚跟紧贴后脚前脚心，腰部以上的身体向正前方。两眼平视正前方，面带微笑。两手自然伸开五指并拢，中指轻轻挺进去，拇指轻轻往掌心里收一些。如图 3-8 所示。这种站姿会使女士显得姿势优美，富有女性的韵味。同时可以巧妙地遮掩腿部的不足，看起来身体修长挺拔。

图 3-8　“丁”字步站立

练一练

男士小“八”字站立

要领：两脚跟微微张开10公分，两脚尖自然向外张开与肩同宽。注意：两脚过于并拢，会显得小气；两脚向外张开过大，会显得霸气。因此，我们采用小“八”字站立，要求两眼平视前方，面带微笑，两肩自然下垂平放，两手自然伸开五指并拢，垂放在两腿部外侧。如图3-9所示。这种站姿会使男士显得稳重、大方、富有绅士的风度。看起来健康、富有阳刚之气。

图3-9　小“八”字站立

（二）坐姿

基本要求：“坐如钟”。

标准做法：入坐要轻缓，上身要直，人体重心垂直向下，腰部挺起，脊柱向上伸直，胸前向前挺，双肩放松平放，躯干与颈、髋、腿、脚正对前方；手自然放在双膝上，双膝并拢；目光平视，面带笑容。

女士：走到座位前就座要轻盈，入座时要轻、要稳，应坐在椅子三分之二的位置。如果穿裙装，应用手轻拢裙摆再坐下，以防坐下时裙摆卷起不够雅观。穿裤装就不需用此动作，只要转身轻盈，轻稳入座就可以了。要求坐下后，目光平视前方，面带微笑，上身端正微微前倾，显得自然、优雅、有亲和力。两手五指靠拢叠放在一条腿上。两腿并拢不可留有缝隙。切记，女士坐姿在任何状态下，两腿之间都不允许张开或留有缝隙。两脚根据不同高度的座位，所摆放的角度也不同。如图3-10所示。

正位式　侧点式　交叉式　叠腿式

图3-10　女士坐姿

男士：入座时要轻稳、坐在座椅的三分之二的位置。要求坐下后，目光平视前方，

图 3-11　男士坐姿

面带微笑。两手自然下垂平放在大腿前侧。两腿略分开与肩同宽，大腿小腿呈 90 度角。两脚尖向正前方，两脚外侧与肩部同宽。如果男士与比较熟悉的客户或朋友就座交谈时，有时会是“二郎腿”就座的姿势，这时务必谨记，应该大腿放在大腿上。并且，上面这条腿的脚尖应向下垂。切记，不允许小腿放在人腿上，同样不能上面这条腿的脚尖向前或向上指人，这样既有失风度、也不美观，并且显得欠修养和失礼。如图 3-11 所示。

长镜头

从入座开始展现自己的风度

演者无心，观者有意。不只要注意坐的姿态，其实从入座开始，你的一举一动就已经尽收别人眼底，并在心里对你的风度加以判断。

正式场合就座时，你应该从椅子的左边入座，切记保持上身挺直的姿势，不要弯腰驼背；不要离座椅太近，那样会坐得很满，坐在椅子的 2/3 处是合适的；坐下以后不要前俯后仰、东倒西歪；也不要随性地抖动双脚或猛然站起，那样会给人以松懈、无礼的印象；起身时要尽量避免自己或座椅发出大的声音。如图 3-12 所示。

图 3-12　入座姿态

女士分腿而坐显得不够雅观；腿部倒 V 字式也是不提倡的；女士若穿裙装应有抚裙的动作。

男女入座时都应该从椅子左边入座而不是右边；男士穿西装时应解开上衣纽扣。

（三）走姿

基本要求："行如风"。

标准做法：上身正直不动，两肩相平不摇，两臂摆动自然，两腿直而不僵，步伐从容，步态平稳，步幅适中均匀，两脚落地一线。如图 3-13 所示。

要点：方向明确、步幅适度、速度均匀、重心放准、身体协调、造型优美。男性在行进时，两脚跟交替前进在一线上，两脚尖稍外展，通常速度稍快，脚步稍大，步伐奔放有力，充分展示着男性的阳刚之美。女性在行进时，两脚尖稍外，两脚交替走在一条直线上，称"一字步"以显优美。同时注意：多人一起行走时，不要排成横队，不要勾肩搭背。遇急事可加快步伐，但不可慌张奔跑。

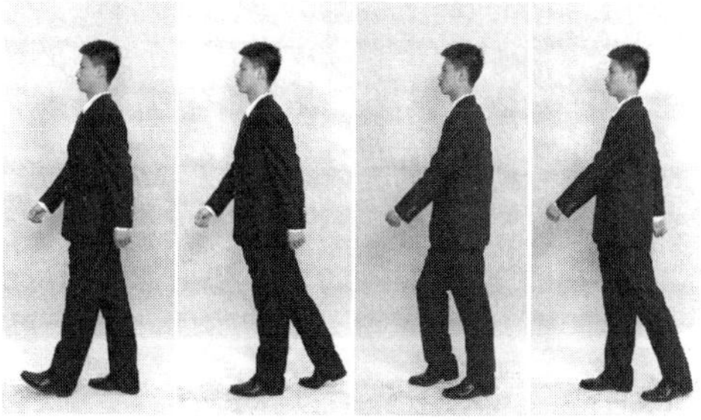

图 3-13 走姿

思考与训练

1. 举止对交往的重要意义是什么？
2. 你认为高职生应该具备什么样的举止行为？
3. 校园里与擦肩而过的同学进行眼神接触，试着揣摩对方的心理。
4. 与不同年龄、不同性别、不同职业、不同性格、不同情境的人交流，大胆尝试使用不同的眼神，并考察社交效果如何。
5. 与亲朋好友进行目光交流，考察眼神是否与自己的思想感情相符。
6. 请你谈谈微笑的作用。
7. 购物时，观察服务员的眼神和态度之间的关系。
8. 全班分成若干组，每组 6 个人，练习各种手势，并推举一人在全班表演。
9. 全班分成若干组，每组 6 个人，把各种姿态编成表演剧，分组表演。

模块四

仪容礼仪

导学案例

张小姐的困惑

张小姐是某大型船公司的前厅接待员。她长着一头乌黑漂亮的秀发，总是舍不得将它盘起，而是让头发垂于腰际，不时用手去撩起头发，以免挡着自己的眼睛和脸。所以，在上班时，她就不时地用手整理头发以确保仪容整齐。可是，没过多久，她就接到了公司人事部门的调职函，她被派往库房管仓库了。这次调职来得太突然了，张小姐一时没反应过来，不知道自己犯了什么错？

想一想 许多人也许会认为不时地用手抚弄自己的头发会有一种说不出的风度和气质。你是怎么看的？张小姐该不该被调职？为什么？

学习与训练目标

◇ 了解仪容礼仪的基本常识，明确仪容礼仪的重要性
◇ 学习修饰仪容的方法，能够根据自己的特点进行仪容修饰
◇ 能够根据不同的场合需要，进行仪容修饰

子模块一　仪容礼仪概述

一、仪容的概念

仪容的概念

仪容，俗称相貌，广义上指的是人体所有不被服饰遮掩住的部分。包括人的头发、面容，颈部、手部等

仪容，俗称相貌，广义上指的是人体所有不被服饰遮掩住的部分，包括人的头发、面容，颈部、手部等。一个人的相貌是人的自然资质，美不美很大程度取决于先天遗传，但通过修饰美化和气质的培养可以在一定程度上增加美感。

二、仪容修饰的作用

仪容修饰的作用

展示健康风采，表达对交往对象的尊重

在人际交往中，人们往往会“以貌取人”。所以，我们必须掌握仪容礼仪的基本内容和美化仪容的方式、方法。因为，合适的发型，保养良好的面部肌肤和得体合适的妆容，不仅可以展示一个人健康的风采和良好的精神风貌，也是表达对交往对象尊重之意的重要礼仪行为。在日本和韩国，女士如果不化妆就出门会客，会被认为没有教养，是很失礼的行为。

仪容的修饰是人的一种自觉的后天行为。善于社交的人，往往通过仪容修饰，使自己“秀于外”和“慧于中”，掩饰自己相貌的不足，突出相貌的优点，发掘自身的潜在美，显示自己的端庄大方，如再能恰如其分地调动面部表情，配以得体准确的动作手势，加深在他人心目中的印象，提高社交和事业的成功率，就很容易实现了。

子模块二　美　　发

美　　发

即对头发进行养护和修饰，包括洗发，护发和发型修饰等。

美发，即对头发进行养护和修饰，包括洗发，护发和发型修饰等。无论男士女士，有一头亮丽乌黑的秀发，修理得整洁大方、长短适度，呈现在众人面前时，就会给人一种潇洒飘逸的感觉，是美的享受；相反，如果弄得蓬松邋遢，肮脏不堪，就会给人一种不愉快的感觉。因此，养护得当，修剪得体，使发型适合身份、场合，是仪容礼仪重要的组成部分。

一、洗发

洗发是美发的第一步，清洁头发的步骤如下：

（一）洗发精的使用

先将洗发精倒一元硬币大小在手上，加水轻轻搓揉至起泡，再涂抹于头部清洗，然后冲洗干净。如此重复两次，便可彻底清洁头皮与发丝。切记千万不要直接将洗发精倒在头上搓洗，那样容易造成头皮局部的洗发精浓度过高，长久下来，可能会形成异常脱发的后遗症。

（二）清洁

洗头发时应以画圆圈的方式洗头，一边用指腹按摩头皮，一边让洗发精充满头发。这样可促进血液循环。切记千万不要用指甲搔抓头皮，也不能将头发发丝相互搓洗，这样的动作容易使头发受伤。油性头皮者应着重清洗发根，干性头皮者则不宜清洗太久，以免让洗发精与头皮接触的时间过长，使头发干燥，断裂。

（三）冲洗

用洗发精清洁头发后，应用大量的清水将洗发精冲洗干净。如果冲洗不干净，洗发精残留将会造成头皮过敏的现象。不过，别误以为热水的溶解力高而用高温的水来冲洗头发，热水可是伤害头皮的杀手，高温会使头皮水分流失而变得干燥。所以，如果你担心冲洗不干净，可用温水或冷水多冲洗几次即可。

（四）干发

洗发后应用干毛巾将头发包起来，轻轻按压，干毛巾会自然地将头发上的水分吸干。切忌用毛巾用力擦干，那样会损伤头发。亦可使用吹风机把头发吹干，但不能长时间直吹头发，那样也容易损害头发。

二、护发

护发是美发的基础，只有健康的头发才能修饰出漂亮得体的发型。护发分为直接护发和间接护发两种。

（一）直接护发

直接护发就是对头发进行直接的养护。在养护头发时我们首先要分析自己的发质，根据发质的特点和需要进行养护。

小资料

不同发质的特别护理

1. 柔软纤细的头发

柔软的头发不但纤细，而且无弹性，不易蓬松，发型也不容易持久。此外，如不经常加以护理，头发还会变干、发红、易受损伤。为预防上述现象，必须在每次洗发后使用护发素，以防止外来的刺激损伤头发。平时，可擦些免洗的护发素以防止头发干燥，从而避免梳发时产生的静电摩擦，吹风时也要格外注意控制好吹风机的温度。

2. 粗硬的头发

粗、硬的头发相对而言比柔软纤细的头发健康，可是缺乏柔性，难以修饰。为了增加柔软的感觉，粗、硬的头发在吹风成型时要不断地喷洒些酸性成分的化妆水或者免洗的亮发喷雾。而做出发型之后，最好用定型的啫喱或者摩丝加以保持。

3. 易断易分叉的头发

易断易分叉的头发大多是由于头发受伤后造成的。所以，养护应该从减少外部刺激开始，如少晒太阳，少吹、烫、染头发等。如果避免不了，也应做好防护措施。比如用定型水做发型之前，或者使用吹风机之前，都可以在头发表面涂一层薄薄的护发素，这样可以起到保护头发的作用。同时，使用富有修护作用的发膜护发效果也很好。此外，头发经常修剪，也可避免头发分叉。梳发时，也应注意不要马上从头发根部开始，应先将发梢散乱的部分梳开后，再从根部开始梳。

资料来源：http://www.78t.cc/news.php?id-52

（二）间接护发

间接护发就是通过饮食、睡眠等调理，让头发营养充足，达到护发、美发的目的。要使头发秀美，合理补充有助于头发健美的营养食物非常重要。祖国医学认为，头发的润养来源于血，故发有“血余”之称。还有一种说法认为，发的营养虽来源于血，其生机则植根于肾气，因此，中医讲发为肾之外候。发的生长与脱落、润泽与枯槁，均与肾的精气盛衰有关。所以要维护秀发的健康，应经常服食补肝肾、益精血类食疗膳，常选用熟地、枸杞、淮山药、何首乌、桑葚、黑芝麻、黑大豆、菠菜、胡萝卜、核桃等。现代医学也认为，人体的头发与骨髓盛衰有关。血液中的红细胞、白细胞都在骨髓中形成，而骨髓的衰退是缺乏类粘蛋白和骨膜质引起的，因此这些物质的缺乏也就直接影响头发的生长。所以，平时我们可以经常补充一些头发生长所必需的铁、硫、维生素 A 和优质蛋白质等物质，以达到养发护发的目的。

科学家们研究发现，秃发妇女中，缺铁性秃发者占 30%，这是一类较为常见的秃发症。一旦及时调整饮食，补充含铁食物，秃发会立即停止，并重新长出新发。因此平素应经常补充黄豆、黑大豆、菠菜、鸭肉、鸡蛋、带鱼、青虾、熟花生、鲤鱼、香蕉、胡萝卜、马铃薯等含铁丰富的食物。有些人的头发变黄、发暗，这是因为血液中酸性毒素的作用。它的起因，除体力和精神过度疲劳外，还可能是由于长年过食纯糖类和脂肪类食物，使体内代谢过程中产生的乳酸、丙酮酸、碳酸等酸性物质滞留，从而产生了酸毒素。因此，在饮食中应减少纯糖（如蔗糖、甜菜糖等）和脂肪的摄入，注意摄取含碘、钙、蛋白质丰富的食物，如海带、紫菜、鱿、鲜奶、鸡蛋、豆类，亦可达到护发的效果。

另外，头发的乌亮秀美还和甲状腺素的作用有关。而微量元素碘可以增加刺激甲状腺的分泌功能，所以常食含碘质的海藻类食物，如紫菜、海带可使头发滋润乌亮。对于头皮屑多、头皮奇痒者要忌食油煎、油烧等油腻大的食品及发酵食品、乳类制品，淀粉食品也不宜过食。而常食苹果、李子、韭菜、大葱、胡萝卜等新鲜蔬菜和水果，则可抑制头皮痒和多屑。

小资料

几种日常易得的益发食品的食用方法

1. 黑芝麻

食用方法：把黑芝麻洗净、晒干，用小火炒熟，研成粗粉装瓶，每晚睡前加少许白糖于两匙芝麻粉中，和温开水送服，食后漱口洁齿。

作用：养血润燥，补益肝肾，乌须黑发。

2. 核桃

食用方法：每晚睡前，取核桃数个砸壳取肉食之，或制成菜肴食用。

作用：温肺肾、止咳喘，补气血，润肌肤。

3. 海带、紫菜

食用方法：每晚睡前，取适量海带或紫菜做汤食用。

作用：滋润头发，乌须黑发。海带、紫菜中含有蛋白质、矿物质，富含碘质、维生素 B2、B6 等。

4. 水果

食用方法：睡前，取一苹果或李子、胡萝卜适量，用温水洗净后食用。

作用：养发护发。水果中含有丰富的毛发生长所必需的维生素及其他微量元素。

5. 菠菜汤

食用方法：每晚临睡前，取菠菜 2 两自制一碗菠菜汤，食之。

作用：健脾助运，养血乌发。

说明：菠菜中含有丰富的铁元素及维生素 C、B 等，对黑色素颗粒的合成提供了充足的原料。另菠菜食之，能增强胃肠蠕动，协助消化。

资料来源：http://zhidao.baidu.com/question/13306234.html

三、发型修饰

发型在一个人的整体形象中起着举足轻重的作用，是一个人品位和个性的集中体现。无论选择什么发型，最重要的就是要与自身的气质和个性相吻合，同时与脸型、服饰、职业等因素相配合，这样才能突出和谐而统一的整体效果，充分体现一个人的生活品味。切忌一味模仿他人，没有自己的风格。

（一）发型修饰的原则

1. 适合脸型

发型应该注意强调个人脸部的个性，突出脸部的轮廓。注意通过发型的修饰达到发扬脸型优点，掩饰脸型不足的目的。

2. 适合气质

由于发型会给视觉构成很重要的影响，因此，在同样适合自己脸型的几种发型中，应该选择更适合个人气质的那一种。例如，你性格稳重，气质恬静，发型就应该以大方、端庄为主调，如果非要把头发染成鲜艳的颜色，发型烫成前卫的爆炸头，给人的感觉就非常不协调，影响自己的个人形象。

3. 适合场合

一个人，尤其是女士，应该为自己设定三、四种理想的发型，以适合不同场合的需要。一般来讲，出席较正式的场合，发型应该端庄，大方，突出个人文雅的气质；出席朋友聚会，发型应该生动活泼，给人以可亲可敬的感觉；而日常生活中的发型，就应该强调自然轻松，日常生活中过分刻意的修饰发型，反而让人觉得刻意和小题大做。

（二）发型修饰应注意的问题

1. 用电吹风修饰发型

电吹风是日常修饰发型的主要手段。使用电吹风时，应注意先将头发上的水分擦干，吹的时间要适度，吹风时，吹风机一定要距头发 20～25 厘米以上，多吹发根，不要直接吹头皮，更不要吹风的时间过长，那样会使头发失去水分及油脂，容易变黄，起静电，发型也不易保持。

小资料

女性的发质与发型

每个人的发质不一，不同的发质适合不同的发型。根据发质选择适合的发型，能够达到更满意的修饰效果。

1. 天然的卷发（俗称自来卷）

自然卷曲的头发，只要能利用自然的卷发，就能做出各种漂亮的发型。这种发质如果将头发减短，卷曲度就不太明显，而留长发才能显示出其自然的卷曲美。

2. 服帖的头发

这种发质的特点是头发不多不少，非常服帖，只要能巧妙修剪，就能使发根的线条以极美的形态表现出来。这种发质的人，最好将头发剪短，前面和旁边的头发，可以按自己的爱好梳理，而后面则一定要用能显示出发根线条美的设计，才是理想的发型。修剪时，最好能将发根稍微打薄一点，使颈部若隐若现，这样能给人以清新明媚之感。

3. 细少的头发

这种发质的人应该留长发，将其梳成发髻才是最理想的，因为这样不但梳起来容易，同时也能比较持久。通常这种发质缺乏时尚感，可以辅之以假发。如果梳在头顶上，适合正式场合；梳在脑后，是家居式；而梳在后颈上时，则显得高贵典雅。

4. 直硬的头发

这种发质要想做出各种各样的发型是不容易的。在做发型以前，最好能用油性烫发剂将头发稍微烫一下，使头发能略带波浪，稍显蓬松。在卷发时最好能用大号发卷，看起来比较自然。由于这种头发很容易修剪得整齐，所以设计发型时最好以修剪技巧为主，同时尽量避免复杂的花样，做出比较简单而且高雅大方的发型来。

5. 柔软的头发

这种发质比较容易整理，不论想做任何一种发型，都非常方便。由于柔软的头发比较服帖，因此俏丽的短发比较适合，能充分表现出个性美。

2. 脸型与发型

小资料

脸型的分类

把头发束起，观察整个脸型及脸部的骨骼结构，查看发际线、前额、腮部以及颧骨，挑出脸部的特征，就可以判断出属于哪种脸型或比较接近哪种脸型。见图 4-1。

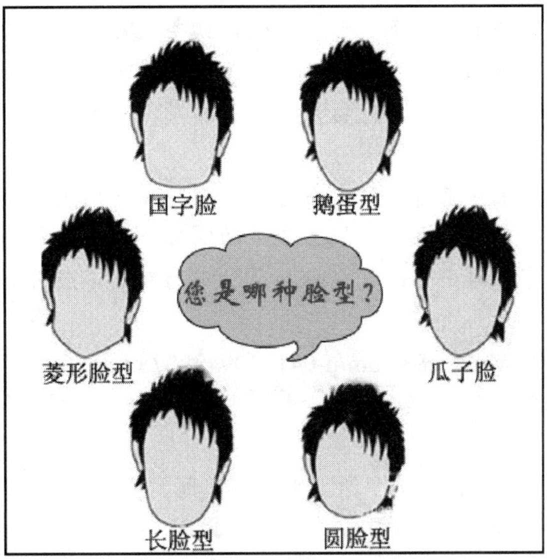

图 4-1 脸型的分类

- 鹅蛋型：东方人认为最理想的脸型。其特点是：从额上发际到眉毛的水平线之间距约占整个脸的三分之一；从眉毛到鼻尖又占三分之一；从鼻尖到下巴的距离也是三分之一。脸长约是脸宽的一倍半，额头较宽。
- 长脸型：长脸型的长度与宽度的比例大于 4:3，两侧较窄，呈上下长、中间窄的状态。这种脸型由于两颊消瘦，面部肌肉不够丰满，容易显得人缺少生气，忧郁没有精神。
- 四方脸型（也叫方脸、国字脸）：这种脸型属于宽大型，两个额角和下巴两边比较宽，具有很强的角度感。
- 倒三角型（瓜子脸）：类似心形，也叫瓜子脸。额头宽，脸型由上往下变窄，下巴突出，形成倒三角形的脸，也是理想的短脸型之一。
- 菱形脸型 下巴和上额都比较窄，颧骨突出，呈现上下窄中间宽的状态。
- 三角脸型 好像梨形脸，也叫倒瓜子脸。额头窄小，下巴两边比较突出，基本与下巴尖齐平，使脸部的下半部宽而平。这种脸型整体重心偏下，有一种下坠感。
- 圆脸型 圆脸型的特征是额骨、颧骨、两颊和下巴的曲线与连接线都比较缓和，呈弧面形，一般面部肌肉丰满，脂肪层较厚，脸的长度与宽度的比例小于 4:3。圆形脸显得宽大、饱满。

一般认为，椭圆形的脸是东方女性最理想的脸型，所以拥有这种脸型的人梳什么样的发型都不会难看。不过，如果选择中分、左右均衡的发型，更能体现娴静、端庄的美感。若留一袭黑色直发披在肩头，更有飘逸之感。

方脸型的人在留额头上的刘海时，宜遮掩额部的两角，刘海要有倾斜感，使方中见圆。头发的两侧可选择卷曲的波浪发型，以改善方脸的形状。还可利用卷曲的长发部分遮住下颌两侧，转化太宽的下颌线条。

倒三角脸与三角脸恰好相反，可以选择掩饰上部、增宽下部的发型。发型要做成大量蓬松的发卷，并遮掩部分前额。具体选择时，最忌选往上梳的高头型，这样只会突出细小的下巴，使整个脸部更不平衡。可运用领部线条之美，使耳边的头发产生分量，并显出额角，令脸部变得丰满一些。这样的脸型不应选择直的短发和长发等自然款式，这样会使窄小的领部更加单调。刘海可留得美观大方而不全部垂下。面颊旁的头发要梳得蓬松，显得很多，以遮掩较宽的上部分。

三角形脸的特征是上窄下宽，所以在选择发型时应平衡上下宽度，可用波浪形发卷增加上部分的分量，也可用头发掩饰较为丰满的下部。不宜将额发向上梳，以免暴露额头太窄的缺陷。分缝可采用中分或侧分。耳旁以下的发式不应再加重分量，也不宜选择双颊两侧贴紧的发型。

资料来源：http://www.doc88.com/p-041679942837.html

3．发型与体型

（1）高瘦型。该种体型的人容易给人细长、单薄、头部小的感觉。要弥补这些不足，发型要求生动饱满，避免将头发梳得紧贴头皮，或将头发削剪得太短薄，要使头发显得厚实、有份量。

（2）矮小型。个子矮小的人给人一种小巧玲珑的感觉，在发型选择上要与此特点相适应。发型应以秀气、精致为主，避免粗犷、蓬松，否则会使头部与整个形体的比例失调，给人产生大头小身体的感觉。女性身材矮小者不适宜留长发，因为长发会使头显得大，破坏人体比例的协调。烫发时应将花式、块面做得小巧、精致一些。若盘头也有身材增高的错觉。

（3）高大型。该体型给人一种力量美，发式上应以大方、简洁为好。但对女性来说，缺少苗条、纤细的美感。为适当减弱这种高大感，一般以直发为好，或者是大波浪卷发。头发不要太蓬松。总的原则是简洁、明快，线条流畅。

（4）短胖型。短胖者显得健康，要利用这一点造成一种有生气的健康美。譬如选择运动式发型。此外应考虑弥补缺陷。短胖者一般脖子显短，因此最好不要留长发，尽可能让头发向高度发展，显露脖子以增加身体高度感。头发应避免过于蓬松或过宽。

总之，对女士来讲，发型修饰的总要求是干净、整齐、美观、大方。无论长发或短发，都应该健康有光泽。发型至少要每月修理一次。在选择发型的时候，要让头发凸显脸型的优点。要记住没有最美的发型，只有最适合的发型。

需要特别注意的一点是，在选择发卡、发带的时候，它的式样应该庄重大方，带上它的目的是使他人感觉到你的头发干净整洁。如果带了这些发饰之后，大家的注意力都集中在它上面，这个发饰就是失败的选择。

对男士来讲，发型修饰的总要求也是干净、整齐、美观、大方。要注意经常清洗、修饰、整理，保持干净整洁（要确保无头屑）。一般情况下，男士的头发最长半个月就要整理修饰一次。在正式的社交场合，男士的头发不应该过长，前部的头发以不遮住眉毛为宜，侧部的头发以不盖住耳朵为宜，后部的头发以不长过西装衬衫领子的上部为宜，头发不要过厚，鬓角不要过长，发型不要怪异，颜色以本色或黑色为宜。

子模块三 美 容

男士和女士都要注意面容、颈部和手部的清洁和适当的保养与修饰，使自己容光焕发，显示出职业的干练和青春的朝气。

一、清洁与保养

（一）女士面部的清洁与保养

女士面容清洁与保养的步骤

洁面→调理肌肤纹理→爽肤→润肤→护肤

1. 洁面

肌肤保养应该从清洁开始，清洁就是把脸洗干净。有人会问，从小就天天洗脸，这还用教吗？有研究机构针对这个问题对一些女性进行了街头调查，结果发现 80%以上的人洗脸方法都有错误或疏漏。许多人会忽视脸部清洁的重要性，有些人认为简单地用毛巾擦一下或是用清水冲一下就算洗好脸了，其实这样会造成皮肤的敏感和干燥；还有的人只知道用昂贵的护肤品，以为这样就可以保养肌肤了，殊不知脸不洗干净只会越擦毛孔越粗，越抹毛孔越堵、痘痘越多。正确的洗脸不仅可以清洗掉皮肤及毛孔里的油脂，还可以将平时空气中附着在肌肤上的重金属和灰尘洗干净，在清洁干净的基础上才能为保养肌肤提供保证。

那么，怎样洗脸才正确呢？

第一步：用温水湿润脸部。

洗脸用的水温非常重要。有的人图省事，直接用冷水洗脸；有的人认为自己是油性皮肤，要用很热的水才能把脸上的油垢洗净。其实这些都是错误的观点。正确的方法是用温水，这样既能保证毛孔充分张开，又不会使皮肤的天然保湿油分过分丢失。

第二步：使洁面乳充分起沫。

无论用什么样的洁面乳，量都不宜过多，面积有硬币大小即可。在向脸上涂抹之前，一定要先把洁面乳在手心充分打起泡沫，忘记这一步的人最多，而这一步也是最重要的一步。因为，如果洁面乳不充分起沫，不但达不到清洁效果，还会残留在毛孔内引起青春痘。

第三步：把泡沫涂在脸上以后要轻轻打圈按摩，不要太用力，以免产生皱纹，大概按摩 15 下左右，让泡沫遍及整个面部。

第四步：清洗洁面乳。

用洁面乳按摩完后，就可以清洗了。有一些女性怕洗不干净，用毛巾用力在脸上擦洗。其实，这样做对娇嫩的面部皮肤非常有伤害。正确的做法应该是：用湿润的毛巾轻轻在脸上按，反复几次后就能清除掉洁面乳，又不伤害皮肤。

第五步：检查发际。

清洗完毕，你可能认为洗脸的过程已经全部完成了，其实并非如此。还要照照镜子检查一下发际周围是否有残留的洁面乳，这个步骤也经常被人们忽略。有些女性发际周围总是容易长痘痘，其实就是因为忽略了这一步。

第六步：用冷水擦洗 20 下。

最后，用双手捧起冷水擦洗面部 20 下左右，同时用蘸了凉水的毛巾轻敷脸部。这样做可以使毛孔收紧，同时促进面部血液循环。这样才算完成了洗脸的全过程。

这种一丝不苟的洗脸方法有很多功效，比如防皱、美白，但需要长期坚持才会有效果。如果每天都能按照这种方法认认真真地洗脸，你会发现自己的肤质在慢慢改善。但是洗脸不要过于频繁，那样会使皮肤变得干燥，反而容易引发皮肤的各种问题。

测一测

下面一些关于洗脸的说法正确吗？

1. 洗面奶只晚上用，早上不用，因为晚上睡觉没有出门。

答案：错！因为夜晚人的皮肤处于修复状态，经过一整夜的新陈代谢，皮肤表面堆积有大量代谢的废物需要清理，所以早上仍然要用洗面奶清洁面部。

2. 不用洗面奶，清水可以清洁干净面部。

答案：错！白天空气中有大量的尘埃会附着在皮肤的最表面，如不清洗干净，会给皮肤造成损害。夜晚，皮肤代谢的废物也会堆积表皮，应当及时清洁，以便保持皮肤毛孔的畅通，防止黑头、痘痘等皮肤问题的出现。

3. 洗面奶要用带泡沫的才洗得干净。

答案：错！正常的皮肤表面是存弱酸性环境的，泡沫洗面奶属于碱性，酸碱一起会发生反应，破坏皮肤正常的生理环境，一旦皮肤表皮的具有保护作用的油脂膜被破坏，皮肤就不能保持水分平衡，皮肤缺水会引起皱纹和脱皮的产生，引发白头粉刺等缺水性痘痘。所以，泡沫洁面奶适用于偏油性肌肤，或者为混合性肌肤的“三角区”部位进行特殊的局部清洁。干性或中性肌肤、天气干燥时过多使用泡沫洁面产品，往往会使皮肤变得更加干燥、紧绷，有时还会伴有轻痒、脱皮等现象。正确的做法是：除了皮肤特别油的人之外，其实有些护肤泥、洁肤乳液的洁肤效果是运用高岭土或皂土的物理性吸除油脂原理，或运用清洁乳液的界面活性融合作用，将油脂与水融合去除，所以这类产品也有洁肤功效，而且比起泡沫型洁面产品相对保湿效果较好。

4. 用热水才能把脸洗干净。

答案：错。洗脸时，不能用热水，过热的水除了软化角质外，还会伤害角质层。它能彻底清除皮肤的保护膜，易使皮肤松弛，毛孔增大，导致皮肤粗糙。另外，如果油分洗掉过多，也会加速皮肤的老化。而较低温度的水洗脸，又会使皮肤毛孔紧闭，无法洗净堆积于面部的皮脂、尘埃及残留物等污垢。正确做法是用接近人体体温的温度来洗脸，约 35℃的温水洗脸，可以用毛巾一边轻抹皮肤，一边冲洗，这样能够温和地带走脸部的赃物。

5. 不能用湿毛巾擦脸。

答案：正确。久湿不干的毛巾有利于各种微生物滋生，用湿毛巾洗脸擦脸无异于向脸上涂抹各种细菌。毛巾应该经常保持清洁干燥，用手洗脸之后用干毛巾擦干，又快又卫生。

6. 不能用脸盆洗脸。

答案：正确。很多人都有用洗脸盆洗脸的习惯，且不说脸盆是否清洁，单说其中的洗脸水，在手脸互动之后，越来越浑，最后以不洁告终。远不如用手捧流水洗脸：先把手搓洗干净，再用手洗脸，一把比一把干净，用不了几把，就全干净了。

---

2. 调理/调整皮肤纹理

面部的角质层过厚，会使肌肤失去通透感，变得粗糙晦暗，而且会阻碍护肤营养品的吸收。这就需要养成定期去除堆积死皮的护肤习惯，让肌肤恢复通透柔嫩。一周两次敷面膜，可以帮助剥除表面干燥细胞，使皮肤纹理光华，呈现清新、光彩，并促进对营养品的吸收。

涂抹、清洗面膜的手法：以向上、向外的手势将面膜平敷在洁净的脸部，避开眼周和唇部。静待 10 分钟。然后用清水洗去。注意，如果是敏感肌肤 8 分钟即可。

小资料

对敷面膜的错误认识

1. 面膜可以不做，太麻烦

错！人每天都在新陈代谢，每天都会有新细胞的诞生和老细胞的死亡，随着年龄的增长，细胞新生和死亡的速度并不一样。年龄越大老死的细胞就越多，如不及时清理，会堆积在皮肤表面，使皮肤暗黄，没有光泽。

2. 面膜会把人的脸越做越薄

错！健康的护理皮肤是每周 2 次面膜，既清洁调整了皮肤的纹理，使面部更加紧实，防止皮肤松弛下垂，还会保证皮肤正常的厚度。

3. 撕拉面膜比水洗面膜好

错！撕拉面膜连同毫毛一起粘在面膜里，在撕拉下面膜的同时，也会把毫毛连根拔起，久而久之，毛孔会变得粗大，皮肤会变得松弛。

4. 磨砂面膜好

错！带磨砂的面膜只适合毛孔粗糙油腻的皮肤，亚洲人大多数皮肤都很细腻，过分磨砂，会损伤皮肤的表皮层，使皮肤不易保持水分，也容易使皮肤毛细血管外露，形成红血丝，影响皮肤的抵抗力。

资料来源：http://blog.sina.com.cn/s/blog_636aef 210100n4s0.html

3. 爽肤

使用爽肤水的作用是补水保湿，同时可以软化角质，再次清洁肌肤，促进后续润肤营养吸收。平衡 PH 值，增加肌肤的柔软感和湿润度。还可以帮助收缩毛孔。

爽肤水的用法：沾湿化妆棉，避开眼部，轻轻擦拭脸部和颈部，直到化妆棉上没有污垢及残留化妆品的痕迹为止。这样不仅可以加强二次清洁的效果，更有效促进后续营养吸收。

小资料

对爽肤的常见错误认识

1. 反正是补水，拍点自来水也可以

错！一般的水分子量很大，难以渗透到皮肤的深层，只有分子细小的水才可以渗透到皮肤的深层，自来水中多有杀菌的化学物质，对皮肤也会有影响。

2. 有香味，有酒精的水可以用

错！有香味的水含有香精，会刺激皮肤，容易引起过敏。有酒精的水也容易刺激皮肤引起过敏。

3. 把爽肤水倒在手掌后再拍在脸上

错！手掌心吸收水分和营养的速度比脸还快，倒在手掌心后脸上吸收的营养会减少。

资料来源：http://blog.sina.com.cn/s/blog_636aef 210100n4s0.html

4. 均衡滋养/滋润

这是指用乳液或面霜的保养步骤。能给肌肤补充必需的水分和养分，起到充分滋润皮肤，保持肌肤柔润光滑的作用。

小资料

如何让面霜更有效

面霜是基础中的基础，“一瓶面霜走天下”的护肤极简派也不在少数，想要把这瓶简单又复杂的面霜发挥到极致，以下的手法值得学习：

1. 给面霜升温

在手心里暖到和体温差不多，特殊的面霜可能会需要在手心中揉搓乳化。

2. 涂抹面霜

手势应该由内向外，从下向上方用力，切记一定不要涂到眼周区域；用整个手掌牢牢地包住脸颊，向外向上按摩，拉紧；容易干燥的部位，比如脸颊，可以多擦一层；法令纹附近，用手指夹住向上提拉按摩防止松弛。

注意：通常眼霜应该用在面霜之前涂抹，涂抹眼周部位时，请用轻柔的无名指指腹。

3. 常见错误认识

- **脸上抹一种滋润的霜或者乳液就可以了，不必抹几种**

错！人的皮肤也跟胃一样需要各种营养，缺什么就补什么，一层一层抹，每层都会渗透。

- **抹多了会长脂肪粒**

错！脂肪粒是因为油脂过剩引起，成年人的皮肤油脂腺已经发育完全，不需要补充油脂，优质的成人护肤品是几乎不含油脂的，补充的是水分和其他抗衰老的成分。

● **白天抹了晚上可以不抹**

错！白天需要营养，晚上更加需要，因为晚上人在休息的时候，皮肤细胞的代谢会更加旺盛，需要的营养会更多，而且晚上皮肤细胞会修复白天受损的细胞，更加需要营养。

资料来源：http://blog.sina.com.cn/s/blog_636aef 210100n4s0.html

5. 保护

面霜涂抹完之后，要涂抹隔离霜，避免灰尘和污染物与皮肤接触，保护皮肤，并给予皮肤光滑、匀称的光彩。

小资料

涂抹隔离霜的方法

如何使用隔离霜是个很重要的工作，只有涂抹好隔离霜了才能让你的皮肤受到一层保护，避免彩妆对你皮肤的影响，也让你的妆容更加好看。隔离是化妆的第一步，如何平整且贴合皮肤，往往直接关系到你的脸看上去是不是好看。

第一步：先要在全脸涂上隔离霜，首先从额头和脸颊部分开始，接着是嘴角和下颚区域。特别是嘴角这种容易产生阴影的区域，一定不可忘记。

第二步：使用圆形粉扑的其中一面来推开隔离，必须要遵循的顺序是由内侧向外侧推。用食指以适当力度按压粉扑并同时向外侧推，可以促进隔离的均匀吸收和贴合

第三步：将粉扑一折为二，适当蘸稍许隔离霜后，轻轻按压鼻翼两侧和嘴角处。这两个地方由于光线的作用会经常出现阴影,适当强调和加厚一点可以让脸看上去更立体。

第四步：在粉扑上涂上少量的隔离霜，轻轻地在眼皮上按一按。眼皮周围皮肤比较薄，所以只需少量轻按就可以。如觉得有必要，眼角和太阳穴区域也可再轻按一下。

资料来源：http://blog.sina.com.cn/s/blog_636aef 210100n4s0.html

（二）男士面部的清洁与保养

男士面部的清洁和保养的步骤与女士大致相同，但由于男女肤质的差异，男士在做清洁和保养时需要注意以下问题：

1. 注意掌握正确的清洁方式

男士肌肤出油量相较于女性自然要大一些，角质层也较为肥厚，如果没有正确地清洁面部，油脂与积累的角质将会导致毛孔粗大，令粉刺痘痘滋生。错误的搓揉洁面方式不仅容易令肌肤受伤，更容易导致肌肤的提早衰老。

洗脸时需要40℃左右的温水，过高过低都不行。将洁面产品置于掌心搓揉出泡沫再均匀按摩全脸，注意按摩两颊位置、T 区与鼻翼、下巴、额头、耳后、面颊两侧以及与脖子交界处，尽量避开眼周；以轻轻打圈按摩的方式彻底清洁毛孔污垢后用温水冲洗干净，直到摸上去没有滑腻感。

小资料

如何按肤质正确选择清洁产品

洁肤用品选择的好，即加速清洁功效，又起到护肤作用，该如何选择呢？

1. 油性肤质：泡沫洁面膏、洁面慕丝

出油旺盛是油性肌肤最大的困扰。可以挑选泡沫丰富的洁面膏，或是按压出来直接是慕丝质地的产品。泡沫可以迅速带走脸上的油脂与脏污。

2. 敏弱肤质：氨基酸、低泡的温和洁面乳

一般的洁面产品中所含的化学表面活性剂常是导致肌肤敏感的元凶之一。如果皮肤比较薄、易过敏，建议选择以氨基酸系表面活性剂为基础，PH 值在 5.5 ~ 6 间、呈弱酸性或中性的产品。这类产品可以最大程度减低对皮肤的刺激，避免敏感反应。

3. 干性肤质：保湿成分洁面乳、洁面霜

干性皮肤请选择温和的洁面乳/洁面霜，或是含有玻尿酸、甘油、神经酰胺等保湿成分的洁面产品，在洁面同时补充肌肤水分、避免在清洁过程中带走皮肤过多的水分。

4. 痘痘肤质：水杨酸、茶树萃取洁面啫喱

爱长痘痘的男士，日常清洁就是每日保养程序重中之重。做好洁面工作，可以去除油脂脏污、老废角质、杀死大量导致痘痘产生的痤疮杆菌。同样，含有水杨酸成分的洁面啫喱是你不错的选择，能阻止油脂堆积造成酸败。另外，含有茶树成分的洁面产品的植物抗痘成分能有效帮助镇定消炎、消毒杀菌。

资料来源：http://baike.baidu.com/view/1232020.htm

2. 男士洁面应注意的问题

（1）忌胡乱搓揉一通、力度过猛。

（2）在洗面部时不要忽略耳后与脖子。

（3）不能将没有化开的洁面膏直接涂抹面部。

（4）冲洗一定要干净，将脸上残留泡沫洗净。

（5）用毛巾轻轻按压，不要拼命搓揉，伤害自己的肌肤。

（6）一周要做一次的深层清洁，可以选用磨砂膏，矿物泥深层清洁面膜，或者专门的面部深层清洁刷。

男士面部爽肤、调理、护肤的步骤参见女士护肤要点。

（三）颈部与手部的清洁与保养

颈部和手部被誉为人的第二张皮肤，是我们在交往场合中必须裸露在外、动作比较多的部分。因此，颈和手部的整洁很重要，保持颈部和手的洁净也是基本的礼貌。具体的清洁保养方法与程序和面部一样，手部还要注意经常清洗，经常修剪指甲，不能留长指甲。只要我们加以重视，颈部和手部同样可以为我们的仪容增色不少。

小资料

消除颈部赘肉方法

第一步、在颈部赘肉的地方涂上按摩霜或者紧肤霜。

第二步、用食指、中指一起将颈部的脂肪慢慢地往下颚方向挤。

第三步、两只手交替将颈部赘肉往外推挤

第四步、对颈部穴位按压。

二、化妆

化妆是通过美容手段和美容用品来美化容颜。脸部化妆的目的有二：一方面要突出面部五官最美的部分，使其更加美丽，另一方面要掩盖或矫正面部的缺陷或不足的部分。

经过化妆品修饰的美有两种：一种是趋于自然的美，一种是艳丽的美，前者可以通过恰当的淡妆来实现，它给人以大方、悦目、清新的感觉，最适合在家或平时上班时使用。后者是通过浓妆来实现的，它给人以庄重高贵的印象。可出现在晚宴、演出等特殊的社交场合。

所以，化妆一定要先明确什么时间、什么场合、做什么，再来决定化什么样的妆。不同的场合化不同的妆容，是人们对得体形象的诠释和定位。

（一）女士化妆的基本步骤

1. 洁肤与爽肤

彻底洁肤后，用爽肤水轻按脸部和颈部，使其洁净清爽，然后加一层润肤液，使未经化妆的脸得以滋润和保护，若不用粉底，而用有色的润肤液，不仅对皮肤有益，化妆品的使用也会持久、均匀、细柔、色泽不易改变。

2. 遮瑕

要遮盖眼睛下部的黑圈或面部的瑕疵时，可先涂上遮瑕膏，再用海绵抹匀。涂时应注意，不要涂到眼下细柔的皮肤。之后用少许粉底涂在脸上，再用棉花球和海绵将粉底仔细抹匀，应抹至鬓边和颌下，以免露出痕迹。

3. 画眼睛

（1）眼部妆前乳提亮、滋润眼周。

眼部妆前乳一般是在上眼妆之前帮助眼睛打底的，不过，我们在画眼线之前，也可以用棉棒点些许妆前乳滋润下眼袋和眼头的部位，因为这个部位比较暗沉，而且秋冬时节眼头经常会脱皮，这样会影响眼线的美感。

（2）上眼线的眼尾要够粗和微微上扬。

上眼线要先从眼头部分画起，贴着睫毛根部一直画到眼角，线条由细到粗，特别是外眼角与下眼线相接的地方，要大胆地加粗眼线，并微微向上扬起，这样能够让眼睛看起来更大一些，而且有神、不下垂。画的时候眼睛尽量向下看，这样能够把上眼皮舒展开，让眼线充分地填充睫毛根部，不容易留下难看的空隙。如图 4-2 所示。

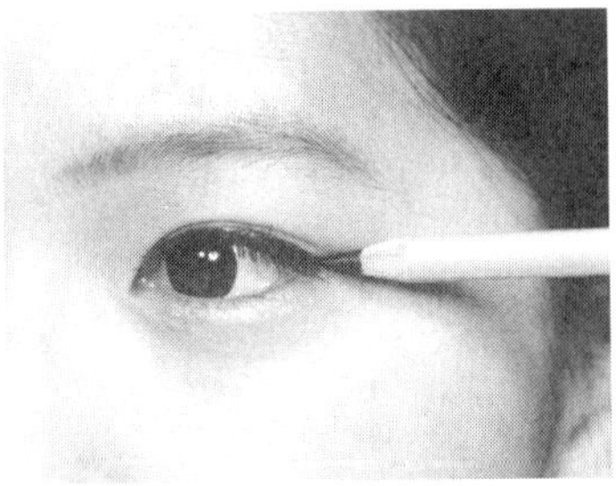

图 4-2　上眼线画法

（3）下眼线只画 2/3，空出的眼头位置要打亮。

下眼线不可省，因为没有下眼线会让眼睛看起来不协调，下眼缘有泡泡的浮肿感。但是也不应该把“全包围”式地画满整个下眼线，反而会让眼妆看起来很假，不自然。正确的做法是空出 1/3 的眼头部分，只画 2/3 的下眼线与上扬的上眼线尾部相接，让眼角的眼窝营造出深邃、立体感。然后用珠光眼影粉打亮眼头即可。如图 4-3 所示。

（4）眼线液加强眼部的线条感。

画完眼线后如果总是会觉得眼睛还不够有神，那就是因为你少了眼线液这一步。眼线液能够加强眼线和睫毛根部的浓密感，相对地线条更为明显。使用时应注意笔杆抽出时要小心地将眼线刷上多余的液体在眼线液的瓶口上滤掉，擦净笔身，小心眼线液滴到眼皮上，眼线液干得很快，弄到眼皮上会很难擦干净。

4. 画眉毛

（1）剪眉。利用剪眉刀从后向前轻轻剪去稍长的眉毛。

（2）修眉。使用修眉刀将杂毛修掉，再描绘眉毛会让整体妆容更洁净完美。

（3）描眉头。利用眉刷整理眉型，用眉笔仔细地将眉头描绘出来。

（4）确定眉型。从眉毛 1/3 或眉毛弯曲弧度的地方开始画，然后再逐步往前推，呈现的眉形就会很自然。如图 4-4 所示。

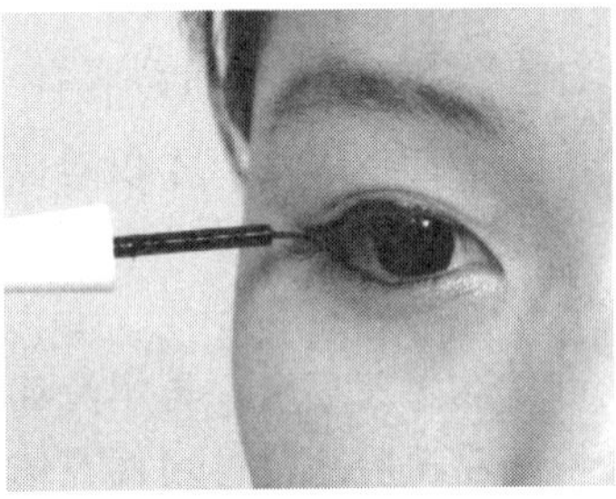

图 4-3　下眼线画法

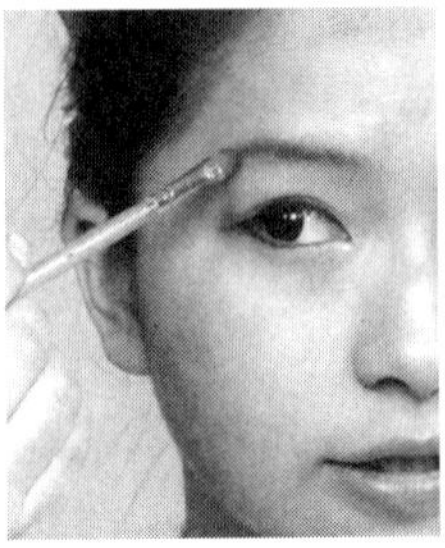

图 4-4　画眉毛示意图

（5）找出眉峰。以挑高的方式勾勒出山型轮廓，最后缓缓地延伸眉峰到眉尾的线条。

5. 画腮红

腮红有四种不同的画法，如图 4-5 所示。

（1）打圆：是在正面，笑肌最高的地方，以打圆的方式，由内往外，渐渐晕开，制造自然的红晕感。

（2）斜刷：制造立体、小脸感。选择偏咖啡色系的修容，由颧骨下方往太阳穴的方向，以椭圆形的方式斜刷。

（3）横刷：适合瘦长脸、窄型脸。沿着颧骨往外刷，选择较浅的颜色来修饰，制造膨胀效果，让瘦长偏窄的脸蛋看起来比较有福气。千万不能用深色修容，否则脸颊更凹陷，会有苦命的感觉。

（4）双色：以橘色系打在颧骨下方，再使用粉红色打在颧骨上方，就给人柔和甜美的好气色。

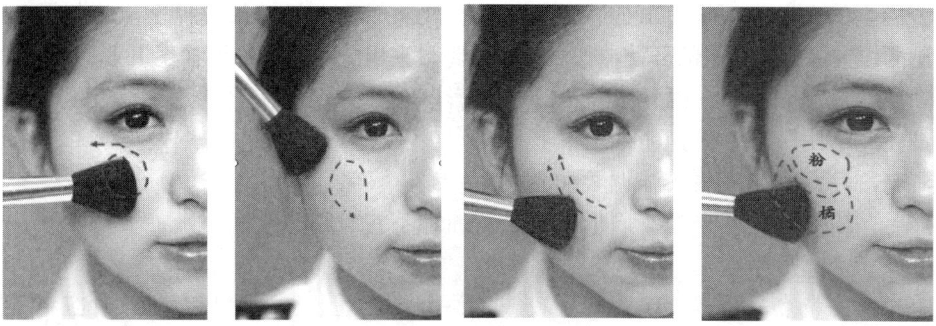

图 4-5 腮红画法示意图

6. 画嘴唇

在原来的唇线上搽粉底再扑粉，然后用唇笔画出所设计的唇形。上下唇中加珠光唇彩，以增光泽。

（三）根据脸型化妆

1. 椭圆脸型

椭圆脸可谓公认的理想脸型，化妆时宜注意保持其自然形状，突出其可爱之处，不必通过化妆去改变脸型。胭脂，应涂在颊部颧骨的最高处，再向上向外揉化开去。唇膏，除嘴唇唇形有缺陷外，尽量按自然唇形涂抹。眉毛，可顺着眼睛的轮廓修成弧形，眉头应与内眼角齐，眉尾可稍长于外眼角。

正因为椭圆形脸无需太多掩饰的，所以化妆时一定要找出脸部最动人、最美丽的部位，而后突出之，以免给人平平淡淡、毫无特点的印象。

2. 长脸型

长脸型的人，在化妆时力求达到的效果应该是增加面部的宽度。

胭脂，应注意离鼻子稍远些，在视觉上拉宽面部。抹时，可沿颧骨的最高处与太阳穴下方所构成的曲线部位，向外、向上抹开去。

粉底，若双颊下陷或者额部窄小，应在双颊和额部涂以浅色调的粉底，造成光影，使之变得丰满一些。

眉毛，修正时应令其成弧形，切不可有棱有角的。眉毛的位置不宜太高，眉毛尾部切忌高翘。

3. 圆脸型

圆脸型给人以可爱、玲珑之感，但有时也有过于丰满的感觉，只要化妆得当，修正为椭圆形并不十分困难。

胭脂，可从颧骨起始涂至下颌部，注意不能简单地在颧骨突出部位涂成圆形。

唇膏，可在上嘴唇涂成浅浅的弓形，不能涂成圆形的小嘴状，以免有圆上加圆之感。

粉底，可用来在两颊造阴影，使圆脸显瘦一点。选用暗色调粉底，沿额头靠近发际处起向下窄窄地涂抹，至颧骨部下可加宽涂抹的面积，造成脸部亮度自颧骨以下逐步集中于鼻子、嘴唇、下巴附近部位。

眉毛，可修成自然的弧形，可作少许弯曲，不可太平直或有棱角，也不可过于弯曲。

4. 方脸型

方脸型的人以双颊骨突出为特点，因而在化妆时，要设法加以掩蔽，增加柔和感。

胭脂，宜涂抹得与眼部平行，切忌涂在颧骨最突出处。可抹在颧骨稍下处并往外揉开。

粉底，可用暗色调在颧骨最宽处造成阴影，令其方正感减弱。下颚部宜用大面积的暗色调粉底造阴影，以改变面部轮廓。

唇膏，可涂丰满 些，强调柔和感。

眉毛，应修得稍宽一些，眉形可稍带弯曲，不宜有角。

5. 三角脸型

三角脸的特点是额部较窄而两腮较阔，整个脸部呈上小下宽状。化妆时应将下部宽角“削”去，把脸型变为椭圆状。

胭脂，可由外眼角处起始，向下抹涂，令脸部上半部分拉宽一些。

粉底，可用较深色调的粉底在两腮部位涂抹、掩饰。

眉毛，宜保持自然状态，不可太平直或太弯曲。

6. 倒三角脸型

倒三角脸型的特点是额部较宽大而两腮较窄小，呈上阔下窄状。人们常说的“瓜子脸”“心形脸”，即指这种脸型。化妆时，掌握的诀窍恰恰与三角脸相似，需要修饰部分则正好相反。

胭脂，应涂在颧骨最突出处，而后向上、向外揉开。

粉底，可用较深色调的粉底涂在过宽的额头两侧，而用较浅的粉底涂抹在两腮及下巴处，造成掩饰上部、突出下部的效果。

唇膏，宜用稍亮些的唇膏以加强柔和感，唇形宜稍宽厚些。

眉毛，应顺着眼部轮廓修成自然的眉形，眉尾不可上翘，描时从眉心到眉尾宜由深渐浅。

小资料

理想脸部的比例自测

1. 发际到眼角距离=眼角到嘴角距离
2. 发际到眉梢距离=眉梢到鼻翼距离
3. 鼻翼宽度=眼睛宽度
4. 嘴的宽度比两眼角间距稍大
5. 两眼间距离是眼睛的宽度
6. 眉梢在眼梢与鼻翼的连接线上

“三点一线”是最佳比例，是指眉头、内眼角、鼻翼三点构成一垂直直线。

（三）根据场合化妆

1. 职业妆

职业妆适用于日间办公环境和其他商务场合。职业妆讲究精细，以淡雅为主，具有比较强的包容性，它应该与服饰和环境巧妙地融为一体，自然而然，没有明显的痕迹，给别人天然如此美丽的感觉。如图 4-6 所示。化妆良好的职业妆既适合与交往对象近距离接触与交流，经得起日光下近距离的注视，又可以把品位和亮丽展示给他人。

化职业妆时，在做完面部清洁和保养、选择合适的粉底打底后，应着重做眼睛、眉毛、面部腮红和唇部的修饰。

（1）眼部。眼睛是心灵的窗户，眼部、睫毛的修饰是整个职业妆的重心。面部妆容是否自然而然，突出的就是让人心动的“画龙点睛”。淡定的自信和职业的干练都会从眼睛里流泻出来。为突出眼部修饰和效果，可以在上、下眼角的根部画出清晰的、细细的眼线，增加眼睛的明亮光彩。

图 4-6　职业妆

注意：

职业妆在画睫毛时要根据东方人的生理特性和审美习惯，只能选择黑色的睫毛膏，其他颜色都会使你显得失礼，缺少职业感。刷睫毛膏时应从根部往上刷，稍停几秒后，待已刷的睫毛凝固、半干时，再刷第二遍。使睫毛呈现的形状是拉长的一根一根的。

（2）腮红。职业妆的腮红不可过浓，也不可千篇一律。长脸型宜横着涂扫，圆形脸宜斜提直着涂扫，瓜子脸型宜以面颊中偏上为中心，向四周散开涂扫。应选择较柔和的色彩使整个妆容似有似无，若隐若现，亮丽柔和，自然纯美。很多人不重视上腮红，其实，腮红可以让人精神焕发，是化妆必不可少的步骤。

（3）唇部。画职业妆时可以不画唇线，选择与自己唇色接近或略显红润有透明感的口红涂匀即可。

2. 晚宴妆

由于宴会往往都是在室内灯光下进行的，因此，化妆时重点强调面部的轮廓和立体感，需要使用强调明暗的色彩和线条勾勒的化妆技巧，使面部轮廓感丰富、线条清晰。如图 4-7 所示。

图 4-7　晚宴妆

化妆的重点可以根据你所参加宴会的主题以及所穿衣服的款式和颜色而定。若穿露肩背式礼服，颈部、肩部及手臂上也应涂上粉底，应选用鲜红色的胭脂，因为凡带有暗色成分的胭脂在灯光下看起来都会显得脸颊深陷。

晚宴妆的亮点在眼睛、口红、腮红方面。灯光下的妆容应比职业妆浓重一些。但切忌过于浓艳而走向极端。眼影除选用与服饰相配合的色彩，还需使用凸出眼部光彩的高光色，突出强调眼线和睫毛，使眼大有神、光亮而有魅力。眉毛从眉头至眉尾应由淡渐浓。睫毛膏可比平时多刷几层，加用假睫毛效果会更好。口红应注意唇型的立体效果，可以使用比口红颜色深一些的唇线笔，勾画出唇型，再选择有光泽度的口红、唇彩，使整个唇部显得迷人生动，有立体的美。

需要注意的是，在正式场合，女士浓妆艳抹或素面朝天都是很失礼的行为。由于有的活动持续时间较长，所以，女士要注意随时补妆，补妆要避人，可借去洗手间的机会完成。

小看板

大学生应如何化妆

大学生化妆应力求自然，给人以青春朝气和不加修饰之感。如图 4-8 所示。由于青年学生的皮肤细腻、娇嫩而富有弹性和光泽，在化妆时宜突出两颊和嘴唇处，不宜描眉、涂眼影和上较夸张的粉底。在技巧上，应清淡自然、似有若无，切忌浓妆艳抹，反倒失去自然美。

图 4-8　学生妆

具体的方法是：清洁皮肤，一定要彻底洗净，因为青春期皮肤油脂分泌较多，若不保持清洁易生粉刺等。涂上润肤剂，以轻拍方式施以化妆水，以整理肌肤；涂上一层薄薄的浅色调的粉底，双颊扫以淡淡的棕红色胭脂；唇部画好唇形后，宜涂上粉红色、橙色等富有朝气色彩的唇膏；睫毛上可涂上淡淡的黑色睫毛膏，强调明亮的双眼；在整个以粉红色和棕色为基调的脸部，还可略施薄薄的透明状松粉，更显露出柔和鲜艳的肤色。

总之，清新、艳丽、朝气蓬勃是大学生化妆的主要目的。

思考与训练

1. 什么是仪容礼仪？为什么说它很重要？
2. 简述高职生应该具备的仪容风范？
3. 在工作场合，我们应该化什么妆容？怎么化？
4. 为什么说洁面是美容的基础？
5. 你是什么脸型？结合脸型，为自己化一个参加面试的妆容，然后请大家评议。
6. 全班分成若干组，每组 5–6 人，每组同学轮流当模特，其他同学做化妆师，分别完成化妆的各个步骤。有些组化职业妆，有些组化晚装，化妆结束后，进行小组展示，请大家评议一下优缺点，每组再推选出一位妆容最美的同学参加全班的展示活动，接受全班同学的评议，模特的小组同伴要选出一个人做好评议记录，下课时交给参加展示的模特。

模块五

服饰礼仪

导学案例

小王为什么没得到职位

一家船公司要招聘一个总经理助理。经过多轮面试，小王和另外一个应聘者终于走到了最后一关，最后的面试要从他们二人之中选一人任职。小王为确保万无一失，这次她做了精心的打扮。一身前卫的时装、耀眼的手环、造型独特的戒指、亮闪闪的项链、新潮的耳坠，身上每一处都是焦点，简直是无与伦比、鹤立鸡群。而且，她的对手只是一个相貌平平的女孩，学历也并不比她高，所以小王觉得胜券在握。但面试的结果却出人意料，小王没有被这家船公司所认可。主考官抱歉的说："你确实很漂亮，你的服装配饰也很前卫，可我觉得你并不适合干助理这份工作。实在很抱歉……"

想一想 小王失去职位的原因是什么呢？

长镜头

穿着细节影响面试印象

有一家公司要招聘一名前台主管，董事会向总经理推荐了一位女士。他们对该女士的修养、学识、风度都大加赞赏。当总经理亲自面试这位女士后，却没有录用她。原因在一个小细节。她说："那个女青年来我这里的时候，穿着昂贵的时装，而戴的手套却有点脏，鞋子上的扣子还少了一个，一个邋遢的女人是不适合做前台接待的。"

学习与训练目标

◇ 明确遵守服饰礼仪对一个人树立个人形象的价值

◇ 掌握正确的服饰礼仪基本规范

◇ 能够根据不同时间、地点、场合的要求正确选择服饰

子模块一　着 装 原 则

莎士比亚曾说过："一个人的衣着就是其自身修养的最形象的说明"，在日常生活中，服装被誉为人的"第二张皮肤"。服装本身不会说话，但它却是无声的语言，得体的穿着，不仅可以使人显得更加美丽，也体现一个人的文化修养和审美情趣，是一个人的自信、气质、内在素质无言的介绍信。同时，得体的着装也是一种礼貌，是对交往对象表达尊重的重要方式。

一、着装的"TPO"原则

着装的"TPO"原则

"TPO"原则中的T、P、O分别是英语中Time、Place、Object三个单词的首字母缩写。其基本含义就是穿衣打扮要有章法，搞清楚穿衣的时间、地点及目的。

20世纪60年代，日本人提出了场合着装的"TPO"原则，T、P、O分别是英语中Time、Place、Object三个单词的首字母缩写。其基本含义就是穿衣打扮要有章法，搞清楚穿衣的时间、地点及目的。TPO原则是目前国际上公认的衣着标准。着装遵循了这个原则，就是合乎礼仪的。

（一）T（Time）就是时间

一般包含早晚、季节、时代三个含义：

第一个含义是指每天的早上、日间和晚上三段时间的变化，相比而言，早上、日间安排的活动以公务活动居多，穿着可相对轻松、活泼一些；而晚间的宴请、听音乐、看演出、赴舞会等一般比较隆重，着装就应该热烈、夸张一些。

第二个含义是指每年的春、夏、秋、冬四季的不同，一年四季不同气候条件的变化对着装的心理和生理影响非常巨大。例如，夏天的服饰应以简洁、凉爽、大方为原则，拖沓累赘的装饰，会使周围的人产生闷热烦躁的感觉，自己也会因为汗水渍渍而显得局促不安。冬天的服饰应以保暖、轻快、简练为原则，穿着单薄会使人因寒冷而面色发青，嘴唇发乌，甚至出于本能缩肩拘背，以致无俊美可言。

第三个含义是指时代的差异，着装要顺应时代的潮流和节奏，过分复古（落伍）或过分新奇（超前）都会令人侧目。

（二）P（Place）就是地点

服饰的地点原则实际上指的是不同的环境需要与之相协调的服饰。

例如，在学校里上课的教室与铺着丝绒地毯的宾馆会客室，穿着同一套服装，得到的反馈一定是截然的不同。同样，在高贵雅致的办公室，在绿草丛生的林荫中，或在曲折狭窄的小巷里，穿戴的服装亦应该有所不同，否则会给人以不协调的感觉，甚至有损个人的礼仪形象。因此，我们平时的穿衣打扮，一定要和所处的环境相呼应，而避免与环境地点不协调的最好办法就是"入乡随俗"，即根据环境地点的不同，选择适合的服装。

（三）O（Occasion）就是场合

服饰的场合原则就是指服饰要与穿着场合的气氛相和谐。

着装应当优先考虑到自己即将出现或主要活动的地点，要尽量使自己的着装与自己所面临的场合气氛保持和谐与一致，而绝不可以我行我素，自以为是，使自己的着装同自己所处的场合格格不入，或反差过大。

例如，有的人在该讲究的时候不讲究，如上班时穿拖鞋式凉鞋或露脚趾凉鞋、背心等，显得很不务正业。工作场合要穿职业套装或制服，以表示郑重其事；还有的人在不该讲究的时候却又瞎讲究了，如出门旅游，穿着西服革履，套装套裙，则显得过分隆重，与当时的气氛格格不入。所以，着装一定要区分场合。

长镜头

不同场合的着装要求

1. 普通场合

主要指普通的公务场合。一般情况下应当合乎本单位、本部门的规定，在总体上，应当做到正规、干净、整洁、文明。

2. 庄重场合

主要是参加会议、庆典、仪式、盛宴、谈判、外事等庄严、隆重的活动。此类场合着装力求庄重、高雅、规范、严肃。一般习惯以深色中山装套装、西服套装、旗袍、连衣裙或西服套裙等充当礼服。

3. 喜庆场合

着装需要时尚、潇洒，服装的颜色可以鲜艳、明快一些。

4. 悲伤场合

着装务必要素雅、简洁、肃穆、严整，颜色应以冷色调为主，最安全的颜色就是黑色和白色。

二、着装要符合自己的特点和需要

着装时，在考虑外在的时间、地点、场合等条件的基础上，还需要认真、实事求是地研究自身的条件，主要考虑自己性别、年龄、肤色和形体等方面的特点，根据自身的特点和需要，选择合适的服饰。

小资料

职业场合着装的禁忌

在职业场合里，男人也好，女人也好，其着装有六大禁忌。

禁忌之一，不配套。在职业场合，切勿乱穿。比如，有人穿了一身很高档的套装和套裙，一看就是职业装，可你总觉得她看着不舒服。为什么呢？原来鞋子是露趾凉鞋。

禁忌之二，过分鲜艳。制服也好，套装也好，都需要遵守三色原则，即全身颜色不多于三种。男女的制服、套装都要遵守这个规则，不能过分鲜艳。图案也要注意。重要场合所穿的套装制服应当尽量没有图案，或者是带有规范的几何图案。比如，有的人所打的领带上面有什么阿猫、阿狗、熊猫盼盼，米老鼠、唐老鸭，一看就是不够稳重。

禁忌之三，过分暴露。在重要场合的着装，通常要求下述几个不露：第一，不暴露胸部。第二不暴露肩部，就是不穿无袖装。此外，还要求不暴露腰部、不暴露背部、不暴露脚趾、不暴露脚跟，此所谓正式场合六不露。

禁忌之四，过分透视。重要场合注意，内衣不能让别人透过外衣看到。不能让外人发现自己内在的秘密，不能让人家知道它是什么颜色的，什么款式的，是长的还是短的，有没有图案，这都是非常不礼貌的。

禁忌之五，过分短小。在办公场合，忌穿短裤、超短裙，短袖衬衫也少穿为妙。

禁忌之六，过分紧身。在工作、学习之中，没有必要向外人炫耀自己的身材。因此，意在显示自己身材线条的紧身装不宜穿着。参加庄重的仪式或重要的典礼等重大公关活动，着一套便服或打扮得花枝招展，会使大家感觉你没有诚意或缺乏教养，而从一开始就对你失去信心。所以，我们在事先应有针对性地了解活动的内容和参加人员的情况，或根据往常经验，精心挑选和穿着合乎这种特定场合气氛的服饰。记住永远穿得比四周的人稍微考究一点，精神一点，时尚一点，使你的服饰与场合气氛融洽、和谐。

资料来源：金正昆. 礼仪金说2——金正昆教你学礼仪. 西安：陕西师范大学出版社，2006.

子模块二　服 饰 礼 仪

长镜头

公司偏爱白衬衫

一家全国性大型咨询公司为了避免职员由于缺乏良好的判断力而穿上不太正式、过于松垮、太紧身或太性感的衣服，制定了详细的着装制度，要求新入职的员工一定要认真学习。一位新入职的男士，由于没有认真学习着装的相关要求，上班第一天，他穿了一件蓝色衬衫，第二天穿了一件条纹衬衫。第二天的下午，他就被告知："本公司职员上班一律穿白衬衫，如不能按要求做，请选择离开……"

同学，你从中能得到什么启示？

服饰按场合可以分为正式场合服饰和非正式场合服饰两部分。通常情况下，我们把庆典、社交、办公场合服饰归为正式场合服饰，把居家、休闲、出门、旅游等服饰归为非正式场合服饰。

一、男士服饰礼仪

（一）男士在正式场合下应遵循的服饰礼仪规则

男士在正式场合对服饰的总体要求是简洁、庄重。统一的色调是明智的搭配方式，在色彩上常用灰褐色、海蓝色、灰色、隐艳色、铁锈色的搭配，选用不同宽度、间距的直条纹图案和单色。同时在某种场合下，除考虑肤色、体形、个性因素之外，还需考虑您的职位、工作性质、年龄因素等。

1. 隆重的社交、礼仪场合

在隆重的社交、礼仪场合，一般穿黑色和深蓝色的三件套服，配上白色衬衫，黑色领结或领带，黑皮鞋，有时在衣领驳头上的扣洞中别一枝鲜花和在胸袋前装有装饰性衣帕，并在不同时期里也会有所变化。

2. 日常的办公场合

在办公场合，无论办公性质有何不同，在服装上都不宜花哨，色调上应以含灰的隐艳色为主，总体上要简洁、大方、素雅、稳重。如上下装色泽、色素差别不大的搭配式西服、外套类，可形成层次感。深色西服，外套配浅色衬衫，深棕色领带；浅色西服，外套配中色衬衫，深色领带等。同时整体服装在面料质感上的差异性也不应太大，要统一、协调。如果选择的服装在色彩上过于素雅，则可通过领带等来活跃服装气氛。海蓝色、白色衬衫在办公场合则会更具风采。

西服套装是男士在各种正式场合穿着最多的服装，穿着规则也比较复杂，下面我们重点介绍一下。

3. 男士西服套装的穿着礼仪

男士的西服套装可以分为：套装、衬衫、配饰三大类。

（1）套装。

① 种类。男士的正装西服上装按式样可分为单排扣和双排扣两大类，单排扣西服又有单排单粒扣、单排双粒扣、单排三粒扣三种。最为常见也最受欢迎的便是单排三粒扣上装的套装。上装的扣子数越少，则西服的开领就越低。

图 5-1　西服套装

测一测

在办公室，西服上装的扣子该如何扣？

1. 应该把所有的扣子全都扣上
2. 可以不扣最下面的扣子
3. 可以不扣最上面的扣子
4. 可以不扣中间的扣子

答案：应该根据不同的身体姿态和场合选择不同的扣法。

（1）在保持站立时：双排扣的西服穿着较为简单，你只需时时刻刻保持所有扣子都紧扣着就可以了；单排单粒扣，因为只有一粒扣子，所以你可以选择扣上抑或不扣；单排双粒扣，你可以选择只扣上面一粒或者不扣（切忌两粒扣子都扣着）；单排三粒扣，只扣最中间的一粒或者上面两粒扣子（后面这种穿法已经渐渐退出历史舞台了，但也是一种正统的规范）亦可一粒不扣，同样切忌把所有扣子都扣着。

总结下来，当西装扣子成单数时，扣最中间一粒，当扣子数成双数时；扣中间两粒中的一粒，在这粒扣子的选择时遵循就上不就下的原则。（大家只需记住这句话就可以对付所有单排西服上装了）

但在非常正式的场合下，还是请遵循各式西服的着装规范，把该扣的扣子扣上。否则会给别人造成一种随意且不尊重人的印象，记得在北京奥运会开幕式上，某国领导人因为在升中华人民共和国国旗时站着而没有扣扣子被媒体曝光。

（2）在保持坐姿时：双排扣西服应仍然保持所有扣子都紧扣，单排扣西服，不论扣子数为多少，都应解开所有的扣子。在电影《女王》中有这样一个情节：在布莱尔就任首相的第二天，依照惯例要觐见女王陛下，由女王正式授予新任首相以职责。布莱尔觐见女王时穿的是单排三粒扣西服，他只扣了中间的一粒扣子，在女王请他坐下时，布莱尔第一个举动就是解开西服扣子，然后再坐下。当女王准备授权时，布莱尔站起身后做的第一件事就是把那粒扣子给扣上。这个小小情节很好地展示了穿西装扣扣子的规范。

---

② 选购男士西服套装应注意的问题。

首先，购买的西服一定要合体，不宜太宽松，一般是按自己的胸围放松 10～12cm。西服的长度大约是肩部位到足跟的一半，不超过臀下线；如果选购的是均码的西服，则应注意尺寸尽量偏小点，上装以能穿下且不显得紧绷为标准，西裤大小随意，但腰身可以稍微放大一点，这样在扎上皮带后会有一个收腰的效果，能让人显得非常精神。裤子长短以不盖住鞋跟为宜。

其次，购买正装西服，颜色不宜过于花哨，应尽量选择黑色、灰色、藏青色、蓝色和白色为宜。购买时尽量选购单一色的，有条纹的也可以，但条纹不宜太密，不能太明显，否则会让人有点眼花缭乱的感觉。正装西服上绝对不能有任何的印花或者图案（某些团体组织的工作服除外），这种西服是不能穿着出席正式活动的。作为青年学生，选购第一套西服时宜选择纯黑色或者藏青色单色的套装，第二套西服则可以选择灰色或者带些条纹的西服。

再次，选购西服面料。外料一般为纯羊毛、毛比、涤丝混纺等；里料则均为涤纶的。纯毛料的西服是最佳选择，混纺的次之。最好不要选择纯化纤面料的西装，容易产生静电和吸尘。

此外，买回西服后，首先应该把上装正面所有外露可见的标签（包括品牌标签和全羊毛标志，一般全部位于左手袖口处）全部剪掉，剪的时候注意不要把衣服剪坏了，但也要剪干净，不要留下线边或者线头。接下来就是把上装背后下摆处的开叉剪开，一般有单开叉和双开叉两种，销售商在销售前会用一个小针节固定住。然后视需要把上装口袋剪开（西服口袋一般是用尼龙线从内部缝合上的，如果你不想在西服口袋里塞东西的话，那就请保持原样。这样能更好地保持西服的平整度）。

最后，西服的日常保养也非常重要，在平日里不穿着的时候，请把他们装在衣套里，用西服专用衣架把他们挂起来，这样可以避免灰尘和阳光的侵袭，也可以最大限度地保持西服不变形。

注意，西服上装不宜多洗，而且必须干洗，西裤可以机洗，但也要常熨烫，以免弄皱。西裤和上装的清洗频率不能相差太大（建议西裤一个星期洗一次，上装一到两个月洗一次），太高的频率差会造成西裤掉色，使上装和裤子的颜色不一致。每次穿着西装前都要熨烫，以达到穿着笔挺的效果。

小资料

男士西服的种类

男士西服在不同国家有不同特点，它的款式可以分为欧式型、美式型、英式型三种。

欧式型的西服特点通常讲究贴身合体，垫肩很厚，胸部做得较饱满，袖笼部位较高，肩头稍微上翘，翻领部位狭长，大多为两排扣形式，多采用质地厚实、深色全毛面料。

美式型西服的特点讲究舒适，线条相对来说较为柔和，腰部适当地收缩，胸部也不过分收紧，符合人体的自然形态。垫肩不高，袖笼较低，呈自然肩型显得精巧，一般以2–3粒扣单排为主，翻领的宽度也较为适中，对面料的选择范围也较广。

英式型西服的特点类似于欧式型，腰部较紧贴，符合人体自然曲线，肩部与胸部没有过于夸张，多在上衣后身片下摆处做两个叉。

资料来源：http://wenku.baidu.com/view/545b947401f69e3143329467.html

（2）衬衫。在西服着装中，衬衫是作为一种辅助类的服装，需要遵守搭配西装的规则。

① 在正式场合穿正装西服应该配搭法式双叠衬衫。

穿正装西服时必须搭配法式双叠衬衫，这条规则在传统西服着装规范中相当重要。法式双叠衬衫，通俗的说法就是用袖钉的衬衫。

严格地讲，搭配正装西服的，都应该是法式双叠衬衫并且使用袖扣。现在常见的单叠用纽扣的袖口的衬衫是法式双叠衬衫的一种简化形式。这个问题常常被许多人疏漏。为什么正装西服应该搭配袖扣呢？其实这并不是一条西服的穿着规则，而是衬衫本身的穿着规则。

长镜头

法式双叠衬衫袖口的来历

袖口成为衬衫的一个重要展示部件，是在 1530 年之后出于御寒的目的才逐渐存在的。当时或者将袖子尾倒折（法式双叠的雏形），或是另外接上一块布，然后在手腕的部位用绳子（这根绳子后来就发展成了袖扣的近亲袖链）连接，这样袖口前段就会像花朵一样展开，再配合不同质料颜色，相当漂亮。在当时的风尚来看，这样漂亮的袖口隐藏起来是不道德的，所以就会安排袖口露出外衣若干厘米，让漂亮的袖口得到充分的展示。而当西服和衬衫走到了一起之后，衬衫的这条穿着规则也被保留了下来，长此以往变成了穿着西服的重要规则。既然袖口的露出是为了展现漂亮的袖口，只有使用了袖扣，袖口才有必要露出西服，将各种式样的漂亮袖扣展现给大家看看。大多数穿着法式双叠衬衫（图 5-2）的人都只是觉得袖扣显得很大气，也很好玩。或许有人认为这是一种新潮

图 5-2　法式双叠衬衫

的衬衫式样，其实不然，法式双叠袖口的历史和衬衫的历史一样长。需要牢记的就是一句话：在出席正式场合的时候不要忘了穿上法式双叠衬衫。

② 衬衫一般是搭配西服而不是直接外穿。

穿着西服时，衬衫外露的部位往往只有领子、袖口和西服开领处的可见部位。衬衫的领口一般要露出西服领口 1–2 厘米。

袖口的外露应遵循的原则有二：一是站立时，双臂自然伸直，放于裤子的边襟处，此时衬衫袖口要外露于西服袖口 1–2 厘米；二是坐下时，双臂自然前伸，双手放于膝盖上，此时，衬衫 3/4 个一整个袖口要外露于西服袖口。

在把西服上装脱掉需要外穿衬衫时，不要解开衬衫的袖扣，更不要把袖管撸起来，卷起来也不可以。

③ 衬衫与西裤。在穿着套装时，要把衬衫下摆塞在西裤之内，衬衫的袖扣必须扣上。如果扎领带的话，衬衫的开襟上所有的扣子都必须扣上，如果不扎领带，那就必须把领口处的扣子解开，很多人常忽视这一点，为数不少的人懒得打领带，却把所有的衬衫扣子都扣着，这样虽然人显得精神了许多，但从旁观者看来却非常怪异。因为这样的穿着不符合西装的着装规则。

④ 衬衫的选购。选购正装衬衫，要特别注意衬衫的面料、颜色、式样、大小等问题。

首先，关于面料。

正装衬衫常见的面料有全棉、牛津纺和涤纶等。全棉衬衫穿着非常舒服，但需要经常熨烫，比较难打理。牛津纺的衬衫，是价廉物美的代表，打理起来也不麻烦，现在很受上班族的欢迎。涤纶的衬衫多见于休闲衬衫，正装衬衫上也偶尔会用，属于低档商品，穿着舒适度自然不行，尤其是出汗以后，粘在身上的感觉非常难受。另外，短袖衬衫不能与西裤同穿，那样不符合西装的穿着规范。

其次，关于颜色与条纹。

正装衬衫的颜色首选白色，搭配任何颜色的西装，都会给人以朝气、干净之感，而不会过于萧瑟无光。因此，一次多购买几件白色衬衫是明智的选择，尤其男性又特别容易汗流浃背，衬衫的寿命自然缩短，当衬衫一发黄，即使外观无丝毫损伤，也请忍痛割爱，否则只会陷自己于寒酸、逊色之窘境。

此外，蓝色衬衫（勿过深），也是表达专业度很好的装扮。条格衬衫也可选购一些。一般而言，只要条纹之间的间距不要过大，线条不会过粗，都是可以接受的。最安全的条纹尺度，其条纹间的间距小于 1 公分，并以规则的距离排列，线条宽度极细，有如自动铅笔划过的线条，即为不易出错的样式，都可以购买。

注意：

选购格子衬衫要谨慎，就如同条纹衬衫一样，格子的面积若是呈微小保守的细格子，大致可以，但若格子的面积甚大，休闲味道便很浓厚，此时就不适宜于工作等正式场合穿着，因为这样的衣着无法传达出庄重之气势，在平常假期休闲时间，倒是很不错的打扮。

（3）配饰。

① 领带。领带无疑是西服最为重要的配饰之一。领带的长度、宽度有一定讲究，领带尖不应低于皮带头，但也不要高于它。而材料和颜色、花样也是很重要的。较正规和高级的商务活动切忌系化纤和做工粗糙、用料单薄的领带。

领带的一般配色原则应与外衣同色系或有同色成分，这样较和谐、得体、庄重，也可与外衣形成对比色，感觉年轻、活泼一些。买领带的时候可以考虑订购一块与领带面料、花色完全相同的丝巾或者纯白色的丝巾，必要时可以插在西服上衣左胸前的口袋里。

小资料

领带的打法

领带作为男性的经典正装配饰，是男士衣橱里出现频率最高的饰物。学会打领带，可以为你的着装增加不少色彩。下面介绍十大领带打法图解，包含了平结、双环结、交叉结、双交叉结、温莎结、亚伯特王子结、简式结（马车夫结）、浪漫结、半温莎结及四手结。相信按照图片上一步一步地分解步骤与自己的勤加练习，很快就能轻松上手。

第一种：平结（Piain Knot）

平结是男士们选用最多的领带打法之一，几乎适用于各种材质的领带，完成后领带打法呈斜三角形，适合窄领衬衫。

要诀：图中宽边在左手边，也可换右手边打；在选择“男人的酒窝”（形成凹凸）情况下，尽量让两边均匀且对称。如图 5-3 所示。

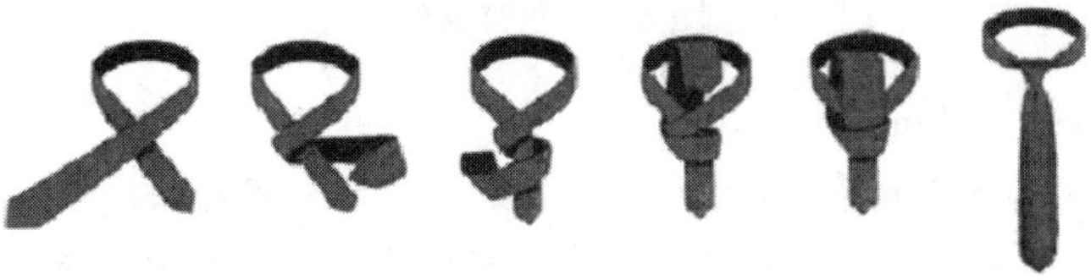

图 5-3　平结

第二种：双环结（Double Knot）

一条质地细致的领带再搭配上双环结颇能营造时尚感，适合年轻的上班族选用。

要诀：该领带打法完成的特色就是第一圈会稍露出于第二圈之外，千万别刻意给盖住了。如图 5-4 所示。

图 5-4　双环节

第三种：交叉结（Cross Knot）

这是对于单色素雅质料且较薄领带适合选用的领带打法，对于喜欢展现流行感的男士不妨多加使用“交叉结”，交叉结的特点在于打出的结有一道分割线，适用于颜色素雅且质地较薄的领带，感觉非常时髦。

要诀：注意按步骤打完领带是背面朝前。如图 5-5 所示。

图 5-5　交叉结

第四种：双交叉结（Double Cross Knot）

双交叉结很容易体现男士高雅且隆重的气质，适合正式活动场合选用，该领带打法应多运用在素色且丝质领带上，若搭配大翻领的衬衫不但适合且有种尊贵感。

要诀：宽边从第一圈与第二圈之间穿出，完成集结充实饱满。如图 5-6 所示。

图 5-6　双交叉结

第五种：温莎结（Windsor Knot）

温莎结是因温莎公爵而得名的领带结，是最正统的领带打法，打出的结成正三角形，饱满有力，适合搭配宽领衬衫。该集结应多往横向发展。应避免材质过厚的领带，集结也勿打得过大。

要诀：宽边先预留较长的空间，绕带时的松、紧会影响领带结的大小。如图 5-7 所示。

图 5-7　温莎结

第六种：亚伯特王子结（The Prince Albert Knot）

亚伯特王子结适用于浪漫扣领及尖领系列衬衫，搭配浪漫质料柔软的细款领带。“国人的酒窝”两边略微翘起。

要诀：宽边先预留较长的空间，并在绕第二圈时尽量贴合在一起，即可完成此一完美结型。如图 5-8 所示。

图 5-8 亚伯特王子结

第七种：简式结（马车夫结，The Simple Knot）

适用于质地较厚的领带，最适合打在标准式及扣式领口衬衫上，简单易打，非常适合在商务旅行时使用。其特点在于先将宽端以 180 度由上往下扭转，并将折叠处隐藏于后方完成打结。这种领带结非常紧，流行于 18 世纪末的英国马夫中。待完成后可再调整其领带长度，在外出整装时方便快捷。

要诀：常见的马车夫结在所有领带的打法中最为简单，尤其适合厚面料的领带，不会造成领带结过于臃肿累赘。如图 5-9 所示。

图 5-9 简式结

第八种：浪漫结（The Trend Knot）

浪漫结是一种完美的结型，故适合用于各种浪漫系列的领口及衬衫。浪漫结能够靠褶皱的调整自由放大或缩小，而剩余部分的长度也能根据实际需要任意掌控。浪漫结的领带结形状匀称、领带线条顺直优美，容易给人留下整洁严谨的良好印象。

要诀：领结下方的宽边压以皱褶可缩小其结型，窄边也可将它往左右移动使其小部分出现于宽边领带旁。如图 5-10 所示。

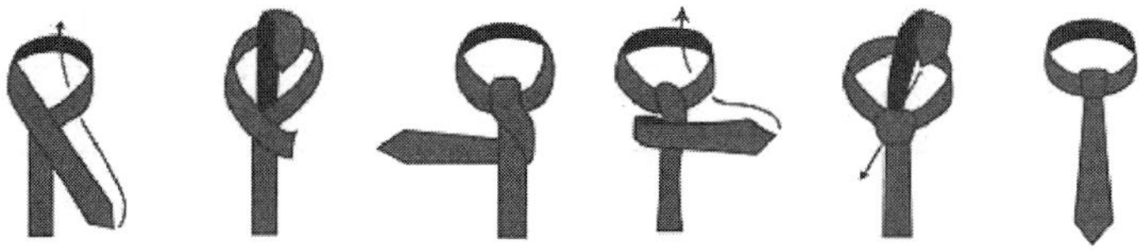

图 5-10 浪漫节

第九种：半温莎结（十字结，The Half-Windsor Knot）

最适合搭配在浪漫的尖领及标准式领口系列衬衣。半温莎结是一个形状对称的领带结，它比普瑞特结略大而比温莎结小。看似很多步骤，做起来却不难，系好后的领结通常位置很正。

要诀：使用细款领带较容易上手，适合不经常打领带的人。如图 5-11 所示。

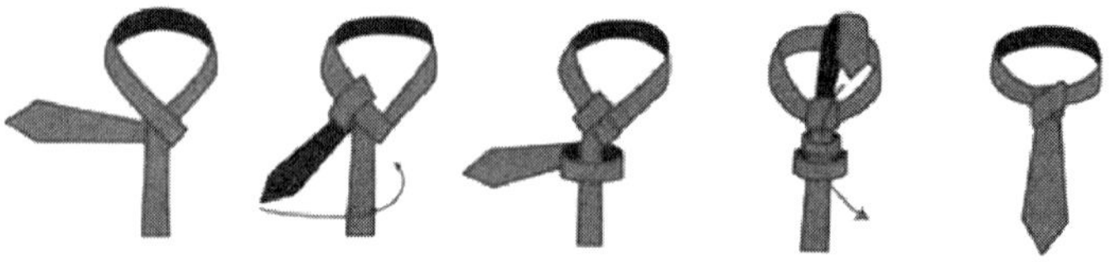

图 5-11　半温莎结

第十种：四手结（The Four-Inohand）

所有领结中最容易上手的，适用于各种款式的浪漫系列衬衫及领带。通过四个步骤就能完成打结，故名为“四手结”。它是最便捷的领带系法，适合宽度较窄的领带，搭配窄领衬衫，风格休闲，适用于普通场合。

要诀：类同平结。如图 5-12 所示。

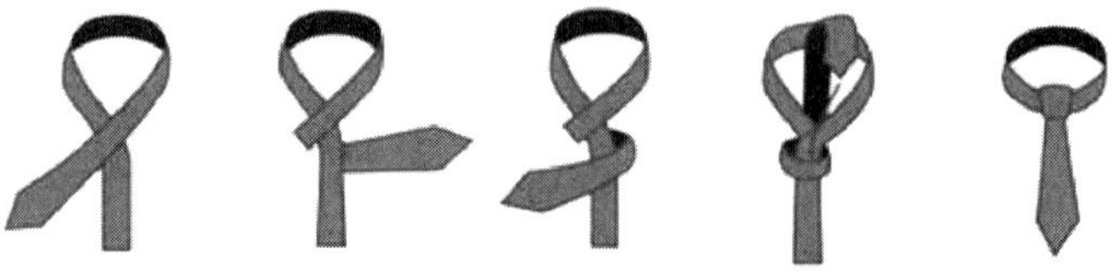

图 5-12　四手结

资料来源：http://wenku.baidu.com/view/8a3a31146c175f0e7cd137b9.html

小资料

表 5-1　男士西装与领带的搭配规律

西装颜色	特　点	搭　配
黑色西装	庄重大方、沉着冷静	白衬衫+红黑领带
中灰色西装	格调高雅、端庄	暗灰衬衫+银灰色圆点领带
咖啡色西装	大方、风度翩翩	黄褐色衬衫+咖啡色的小方格领带
深蓝色西装	格外精神	白衬衫+蓝色小方格领带

② 鞋袜。

男士的传统意义上的正装皮鞋指的是真皮、纯黑色、系带式、三接头皮鞋。不要在正式、隆重的场合穿着非黑色皮鞋，即使它是世界品牌，即使被擦拭得十分体面，也会显得你本人不懂体面。

袜子一般选择与西装同色的或者是黑色的袜子，千万不能穿白色的袜子，除非你穿了白色的西装。穿正装西服和正装皮鞋的时候，还要注意尽量不要穿丝袜，而是穿和西服主色系相同的或者和皮鞋颜色一样的毛料袜子。毛料袜子能更大限度地保护你的双脚不被皮鞋磨破，双脚不会对鞋子产生相对滑动，相同的色系则保证了你在不经意间露出的袜子部分不显眼。（穿西装时露出袜子被认为是一个很不礼貌很不文雅的举动，所以请你坐着时不要跷二郎腿。）

③ 皮带。真皮的和人造革的都可以，但搭配正装时一定要是皮的，不能用别的材质的来替代。

④ 包。包的选择讲究不多，只要是皮质的，方形公文包就可以。尽量拎着而不是背着，即使要背，也要单肩背，不能斜挎，斜挎时胸前的包背带会破坏整体感。现在的上班族们更倾向于使用放置笔记本电脑的包，可背可拎，又不失体面。

⑤ 手表。穿一套名牌西服，戴一块金表，一直都被认为是成功男士的标准造型，即使到了今天，依然没有改变。

⑥ 钢笔。因为正式的礼仪场合经常要使用，所以，钢笔是男士在正式礼仪场合中必不可少的物品之一。钢笔正确的携带位置应该是男士西装内侧的口袋里，而不应该在男士西装的外侧口袋里。一般情况下尽量避免把它携带在衬衫的口袋里面，这样容易把你的衬衫弄污。

⑦ 名片夹。应该选择一个比较好的名片夹来放自己的名片，这样可以保持名片的清洁整齐。同时接受他人名片的时候，应该有一个妥善的位置保存，避免直接把对方的名片放在你的口袋中，或者放在手中不停地摆弄，这都是失礼的行为。

⑧ 纸巾。男士在着正装的时候，应该随身携带纸巾，或者是携带一块手绢，可以随时清洁自己面部的污垢，避免一些尴尬场面的出现。

小资料

男士西服着装十戒

（1）通常一件西服的外袋是合了缝的（即暗袋），千万不要随意拆开，它可保持西装的形状，使之不易变形。

（2）衬衫一定要干净、挺括，不能出现脏领口、脏袖口。

（3）系好领带后，领带尖千万不要触到皮带上。

（4）如果系了领带，绝不可以穿平底便鞋。

（5）西服袖口商标一定要剪掉。

（6）腰部不能别钥匙、手机、打火机等。

（7）穿西装时不要穿白色袜子，尤其是深色西装。

（8）衬衫领开口、皮带袢和裤子前开口外侧线不能歪斜，应在一条线上。

（9）黑皮鞋能配任何一种颜色的深色西装，棕色皮鞋除同色系西装外，不能配其他颜色的西服。

（10）如想保持西装完美的原形，一季不可干洗两次以上且尽量找专业干洗店干洗。

资料来源：http://blog.bandao.cn/archive/208792/

图 5-13　男士非正式服饰

（二）男士在非正式场合的服饰礼仪规范

男士在非正式场合服饰的总体要求是轻松、合适。没有明显的身份象征，只要符合年龄、身份、场合和环境，能够穿出自己的个性与风格就可以了。

所选服饰要尽量适合都市流行气息，充分发挥服饰搭配的个性。色彩宜明亮些、丰富些，上衣多用米色、土黄色、浅紫蓝色、灰绿色等色彩；裤子多用深浅灰色、深浅棕色等中等程度的颜色；黑棕色皮鞋与任何类型的服饰搭配，是产生服装稳定性的最佳手段，并且也易于与服饰搭配。一般上下衣着的色泽应有所区别，如果色泽方面比较接近，会给人有素雅的印象，如果对比明显，会产生一种有活力、有弹力的感觉。如图 5-13 所示。

二、女士的服饰礼仪

长镜头

套裙质地差女老板被当成女秘书

有个由国内企业家组成的代表团出国考察，其中有一位女企业家，虽然穿的也是一身西服套裙，但外方人员竟一直误以为她是位秘书。原来这位女企业家穿的套裙的面料质地不好，做工也不考究，款式又过于花哨，以至于与身份不符，造成误会。

女性的服饰比男人更具个性，每个女性都要树立一种最能体现自己个性和品位的风格。女士在着装的时候需要根据场合严格地区分职业套装、晚礼服以及休闲服，它们之间的穿着规则有着非常本质的差别。

（一）女士在正式场合下应遵循的服饰礼仪规则

正式场合服饰总体要求是高贵、典雅、端庄、大方。选择的色调应该根据活动主题的特点来选择。与男士一样，在某种场合下，除考虑肤色、体形、个性因素之外，还需考虑您的职位、工作性质、年龄因素等。

1. 隆重的社交、礼仪场合

在隆重的社交、礼仪场合，一般穿晚礼服、小礼服或西装套裙。根据活动主题的需要，再搭配相应的首饰和包、鞋等配饰。此外，发型和妆容也要和服饰合理搭配，服饰的总体感觉是应该大气而不死板，有个性但不怪异。

2. 日常的办公场合

与男士一样，在办公场合，无论办公性质有何不同，在服装上都不宜花哨，以穿着合体的职业套装为佳。服饰在色调上的选择比男士多一些，但还是应该以隐艳色为主，服饰的总体要求是简洁、大方、素雅、端庄。

3. 女士职业套装的穿着规范

女士的职业套装可以分为：套装、衬衫、其他配饰三大类。如图 5-14 所示。

图 5-14 女士职业套装

（1）套装。

① 种类。女士的职业套装可分为西服套裙、夹克衫或不成型的上衣，以及连衣裙或两件套裙。在这三种类型中，每一种都要考虑其颜色和面料。而西服套裙是女性的标准职业着装，可塑造出强有力的形象。

单排扣上衣可以不系扣，双排扣的则应一直系着（包括内侧的纽扣）。穿单色的套裙能使身材显得瘦高一些。套裙分两种：配套的，其上衣和裙子同色同料；不配套的，其上衣与裙子存在差异。

在比较庄重的商务场合，建议女士穿着深色的西服套装。套装的首选是裙装，其次是裤装。

② 选购女士职业套装应注意的问题。

女士职业着装的款式和颜色比男士丰富了许多，可以不像男士那样受许多的限制，但款式还是要选择简洁、大方、合身可体的。太宽松的衣服会显得人不干练，太瘦小的衣服又会显得人很穷酸。因此，女士在选购正式的职业套装时，无领、无袖，或者是领口开得太低，太紧身的衣服应该尽量避免。衣服的款式要尽量合身，以利于活动。

职业套裙的最佳颜色是黑色、藏青色、灰褐色、灰色和暗红色。精致的方格、印花和条纹也可以接受。红色、黄色或淡紫色的两件套裙要小心，因为它们的颜色过于抢眼。

在选购裙装时，年轻的女性短裙可短至膝盖上 3–6 厘米，但不能短至大腿全长的 1/2 处以上（中式旗袍的开启亦应在这个部位）；中老年女性的短裙一定要长及膝下 3 厘米处。

（2）衬衫。女士用来搭配职业套装的衬衣并不像男士那样有明确的规定，衬衫的颜色可以是多种多样的，只要与套装相匹配就可以了。白色、黄白色和米色与大多数套装都能搭配。丝绸是最好的衬衫面料，但是干洗起来可能会贵一些。另一种选择就是纯棉，但要保证浆过并熨烫平整。除搭配传统款式的衬衫以外，也可以选择无领的衬衫。在正式的商务场合中，无论什么季节，正式的商务套装都必须是长袖的。

（3）其他配饰。

① 内衣。女性内衣不能外露，更不能外穿。如穿着裤装和裙子时，不要明显地透出内裤的轮廓，文胸的肩带不能露在衣服外面。

② 丝袜。女士穿裙子应当配长筒丝袜或连裤袜，这样的穿着不仅是礼仪的需要，而且还能掩饰腿部的缺陷，增加腿部的美感。丝袜颜色要与裙装的颜色相协调，腿较粗的人适合穿深色的袜子，腿较细的人适合穿浅色的。一般不选用鲜艳颜色和有明显的网格、花纹的袜子。女士袜子一定要大小相宜，太大时就会往下掉，或者显得一高一低。尤其要注意，女士不能在公众场合整理自己的长筒袜，而且袜口不能露在裙摆外边。不要穿带图案的袜子，因为它们会惹人注意你的腿部。应随身携带一双备用的透明丝袜，以防袜子拉丝或跳丝，穿一双明显跳纱破损的丝袜是不雅和失礼的。

③ 鞋子。要根据穿着舒适、方便、协调而又不失优雅的原则选择不同款式的鞋子。一般个子矮的可以选择高跟的，个子高的鞋跟可以偏低些，但不能是平跟鞋。年纪稍大和身体较胖的女性选择的鞋跟不可过高过细。正式的场合不要穿凉鞋、后跟用带系住的女鞋或露脚趾的鞋。鞋的颜色应与衣服下摆一致或再深一些。衣服从下摆开始到鞋的颜色一致，可以使大多数人显得高一些。如果鞋是另一种颜色，人们的目光就会被吸引到脚上。推荐中性颜色的鞋，如黑色、藏青色、暗红色、灰色或灰褐色。不要穿红色、粉红色、玫瑰红色和黄色的鞋。即使在夏天，穿白鞋也带有社交而非商务的意义。

长镜头

露趾凉鞋见客丢了印象分

有一位女业务员去拜访一位事业上很有成就的 50 岁左右的女企业家，在办公室外等待的时候，想到女企业家的名气和出色的业绩，不禁感到有些紧张。当她被请进办公室，见到这位女企业家的时候，她心中的紧张感立刻就没了，并且还平添了几分自信。因为她看到这位胖胖的女企业家穿了一身超短的套裙，并且还穿了一双露着脚趾的凉鞋，对她的印象立刻大打折扣。

④ 围巾。选择围巾时要注意颜色中应包含有套裙颜色。围巾选择丝绸质地的为好，其他质地的围巾打结或系起来没有那么好看。

⑤ 提包。手提包最好是用皮革制成的，形状是方形或长方形的。如图 5-15 所示。手提包上不要带有设计者标签。最实用的颜色是黑色、棕色和暗红色。钱包的颜色应与鞋相配。

图 5-15　提包

⑥ 首饰。

女士的首饰一般包括：戒指、项链、耳环、手镯、胸花和头饰。女士着装必须要佩戴首饰，不同场合选择不同的首饰。穿职业装时，可佩戴款式简单、颜色素净和不会发出声响的首饰；在正式的商务场合，女士在选择佩戴物品时，饰物要与整个服装统一协调。应注意修饰物不宜过多，最好保持在三件以内，尽量避免过于奢华。参加酒会或者晚宴一定要选择闪亮有质感首饰，但不宜佩戴过多。平时着休闲装时可佩戴木质、骨质、塑料、贝壳，陶瓷等质地的首饰，佩戴首饰的关键是既要与整体搭配统一，又要显示出个性。

长镜头

戒指的戴法和含义

戴戒指是有讲究的。按西方的传统习惯来说，左手显示的是上帝赐给你的运气，因此，戒指通常戴在左手上。

国际上比较流行的戴法是：食指——想结婚，表示未婚；中指——已经在恋爱中；无名指——表示已经订婚或结婚；小指——表示独身。

至于右手，在传统上也有一个说法：那就是戴在无名指上。据说戴在这里，表示具有修女的心性。当然，还有一种戒指，无论你戴在那里都不具备任何意义，这种戒指就是一般的花戒，它只起到一种装饰的作用，可以戴在任何你想戴的手指上，没有任何拘束。

5. 女士礼服的穿着规范

女士的礼服分为晚礼服、小礼服和套裙装礼服三类，是以裙装为基本款式特征，在特定礼仪场合穿着的服装。如图 5-16 所示。

（1）晚礼服。晚礼服产生于西方社交活动中，在晚间正式聚会、仪式、典礼上穿着的礼仪用服装。裙长长及脚背，面料追求飘逸、垂感好，颜色以黑色最为隆重。晚礼服风格各异，西式长礼服袒胸露背，呈现女性风韵。中式晚礼服高贵典雅，塑造特有的东方风韵，还有中西合璧的时尚新款。与晚礼服搭配的服饰适宜选择典雅华贵、夸张的造型，凸显女性特点。

（2）小礼服。小礼服是在晚间或日间的鸡尾酒会、正式聚会、仪式、典礼上穿着的礼仪用服装。裙长在膝盖上下 5cm，适宜年轻女性穿着。与小礼服搭配的服饰适宜选择简洁、流畅的款式，着重呼应服装所表现的风格。

（3）裙套装礼服。裙套装礼服是职业女性在职业场合出席庆典、仪式时穿着的礼仪用服装。裙套装礼服显现的是优雅、端庄、干练的职业女性风采。

（二）女士在非正式场合应遵循的服饰礼仪规则

女士在非正式场合服饰的总体要求是舒适、大方，成熟、优雅。重点是要体现自己的个性。

休闲服较多地体现了回归大自然的生活理念，从面料、款式上更好地与人体亲密接触，色彩应亲切、柔和，体现了服饰与人体更亲密、更坦诚、更自由、更从容的生命规律，是新时尚、新观念的服饰语言。见图 5-16。

晚礼服　　小礼服　　裙套装礼服　　休闲服

图 5-16　女士服饰

女士休闲服的面料多选用天然、优质材质，易于吸汗，不需要熨烫等复杂的打理。

穿着休闲服要特别避免体臭和服装异味，其高度洁净所表现出来的品质和魅力，甚至超过了其他服饰。

小资料

女性着装容易出现的问题

1. 过分时髦

现代女性热爱流行的时装是很正常的现象，即使你不去刻意追求流行。流行也会左右着你。有些女性几近盲目的追求时髦。例如有家贸易公司的女秘书在指甲上同时涂了几种鲜艳的指甲油，当她打字或与人交谈时，都给人一种厌恶的压迫感，一个成功的职业女性对于流行的选择必须有正确的判断力，同时要切记：在办公室中，主要表现工作能力而不是赶时髦。

2. 过分暴露

夏天的时候，许多职业女性便不够注重自己的身份，穿起颇为性感的服装。这样你的才能和智慧便会被埋没，甚至还会被看成轻浮。因此，再热的天气，也应注意自己仪表的整洁、大方。

3. 过分正式

这个现象也是常见的。其主要原因可以说是没有适合的服装。职业女性的着装应平淡朴素。

4. 过分潇洒

最典型的样子就是一件随随便便的T恤或罩衫，配上一条泛白的“破”牛仔裤，丝毫不顾及办公室的原则和体制。这样的穿着可以说是非常不合适了。

5. 过分可爱

在服装市场上有许多可爱俏丽的款式，也不适合工作中穿着。这样会给人轻浮、不稳重的感觉。

资料来源：http://blog.bandao.cn/archive/208792/

2. 举办一次模拟招聘会，请每位同学都选购一套职业装，并接受老师的检查。

思考与训练

1. 付遥在其著作《输赢之摧龙六式》中介绍了主人公周锐遇到的一件事。请谈谈对你的启发

我昨天在办公室遇到一个向我推销办公用品的小伙子，他想拜见公司负责办公采购的主管，却被前台挡在门口。正在他一脸沮丧的时候，我刚好路过他身边，把他叫到我的办公室。他一脸兴奋地向我介绍他的裁纸刀，我试试很好用，就买了一把。他叹了口气，低头要离开办公室。我叫住他，问他为什么卖不出去产品。

他说：“我的产品好，价格低廉，可是每次都被前台拦住，根本见不到负责采购的

客户。"

我问他："你为什么被前台拦住见不到客户？"

小伙子坐在椅子上，右手拉一下歪斜的粉红色衬衣："不知道，我总是被前台拦住。"

我当即问他想不想知道绕过前台的方法，他拼命点头。我站起来问他："这座写字楼还有你要拜访的客户吗？"

他手指房顶，说他打算去拜访楼上的英特尔公司，却不知道采购部经理的姓名和联系方式。我掏出手机查到英特尔的电话，接通后用英文让总机小姐帮我转采购部的Helen。

英特尔公司的总机小姐困惑地说："我们采购部有 Helen 吗？"

我继续用英文说："就是负责办公用品的 Helen 啊。"

总机肯定地说："我们负责办公用品的叫做 Linda，采购部肯定没有 Helen。"

我知道 Linda 负责采购办公用品，便说："对不起，搞错了。"

我整理一下西服和领带，让小伙子跟我上楼，来到英特尔前台。我向前台小姐说："请帮我打个电话，我约了采购部的 Linda。"

前台小姐看我一眼，我向她笑笑，她便将我们请到会议室里，还给我们倒杯咖啡，然后去打电话叫 Linda 了。我拍拍那个小伙子的肩膀，示意他继续努力，就趁 Linda 没来转身回办公室了。

这小伙子是个有心人，见完客户后来找我，高兴地说卖出去了五百把裁纸刀。我问他："前台为什么让我进去，却不让你进去呢？"

小伙子说："你那么大的架势，她能不让你见吗？"

我告诉他："如果你瞧不起自己，就永远不要指望别人瞧得起你。"

这个小伙子听进去了我的话，思考一下，问我应该怎么办。我上下打量他一遍，他大概二十二、三岁的年龄，可能知道做销售要有一套好西服，西服还算体面，粉红色的衬衣上没有系领带，脚下蹬着一双运动鞋。头发两边盖住双耳，前面遮住半边眉毛，暗黑的皮肤显示他早上肯定没有好好洗脸。我伸出右手与他握手，他居然留着很长的指甲。

我告诉他："保安和前台专门拦截你这样的推销员。你多久剪一次头发"

"大概两月。"

"每天洗脸吗？"

"每天早上都洗啊。"

"怎么洗？"

"当然用水，还能用什么洗呢？"

"去买瓶好点儿的洗面奶和洗手液，每天仔细洗十分钟再照照镜子，将长指甲剪掉。西服很好，但是一定要穿黑色的皮鞋和深色的袜子，千万不要穿白袜子，否则就会毁掉你这身不错的西服。还要脱掉粉红衬衣，换件白色的。"

他点头表示明白，我继续说："每次见客户前，要对着镜子找找感觉和自信，不要觉得自己是一个微不足道的推销员，而是能够帮助客户解决问题的专业顾问。见到保安和前台的时候，眼光不要逃避，对他微笑一下就可以通过大堂和前台了。"

……

钱世伟一直在思考，分析着说：“取得客户好感一定要有专业形象，那个小伙子穿着打扮却不专业，前台和保安一眼就看出他是小公司的推销员。”

周锐指指自己的西装说：“我也不喜欢穿成这样，但是没办法，我们既然选择做销售，就要有专业形象。在正式的商业场合，应该选择黑色和深蓝色的西装，白色衬衣最佳，黄色或者红色的领带比较适合重要的场合。佩戴蓝色或者浅色颜色的领带显得低调一些，比较适合一般的商业场合。袜子和皮鞋也很重要，纯棉的深色袜子和乌黑锃亮的系带的皮鞋都是很好的选择。”

肖芸立即指着自己问道：“我这样可以吗？”

周锐看着肖芸的穿着，说道：“淡妆、长发盘头没有披散、深色套装、黑色皮鞋，都很不错。女性可以有更多的变化和选择，比如佩戴小小的饰品，变化发型都可以显出个性。依据对象和场合的不同做出适当的调整和变化，不能千篇一律。”

崔龙嘿嘿笑着问：“你们知道什么公司的销售人员穿得最好吗？”

方威哈哈笑着回答：“保险公司的每个推销员都穿得像总经理。”

周锐等他们说完，强调说：“取得客户好感不能完全靠光鲜的外表。如果你一开口就不知所云，外表带来的好感瞬间就会烟消云散，取得好感还靠言谈举止。我们必须研究客户的行业，才能与客户聊到一起，还要熟悉公司产品、生产制造和服务体系，不能客户一问三不知。专业形象加上良好的言谈举止，才可能取得客户好感。”

2. 情景分析

在餐厅吃饭时观察一下一群正在吃午餐的人，你能根据他们的衣着猜测出他们的职位吗？他们对服装的选择是否表明了他们什么样的处世态度？他们的衣着是否美化了他们的形象，表明他们了解自己的形象，希望自己给人留下美好的印象？在对他们的才能一无所知的情况下，你会对谁委以重任？

3. 举例说明服饰礼仪对塑造个人形象的重要意义。

4. 请你说说对着装“TPO”原则的理解。

模块六

交往礼仪

导学案例

请看下面的镜头

镜头一

刘芳（女）大学毕业后在一家外贸公司担任办公室秘书。一次陪同上司李经理去机场迎接前来考察洽谈的重要客户张总经理等一行5人。

想一想

如果你是刘芳，为了做好这次接待任务，都应该注意哪些方面的礼仪呢？

学习与训练目标

◇ 了解交往礼仪的基本概念

◇ 掌握交往礼仪中各种礼仪的程序、技巧及要求

◇ 能够在各种交往活动中自觉遵守相应的礼仪规范

一、交往礼仪的基本概念

什么是交往礼仪

交往礼仪是人们在社会交往活动中用来表示对他人尊重、友好、敬意的行为规范和章法。

社会交往是一个人乃至一个民族礼仪修养的集中体现，任何人在社会交往中都应该格外注重自己的言行举止，规范自己的行为，提高个人品格修养，自觉自律，尊重他人，维护社会正常的生活秩序。

了解和掌握交往礼仪的礼仪技巧，可以帮助我们更好地塑造个人和组织的形象，加强沟通，展示出良好的内在修养和精神风貌，增进交往双方彼此的认同感，从而加深友谊。

二、交往礼仪的基本特征

交往礼仪的特点

△规范性　　△差异性　　△操作性

交往礼仪是一门社会交往的学问，它具有自身的特点：

（一）规范性

交往礼仪作为一种文化现象，作为指导、协调社会交往活动中人际关系的行为方式和活动方式，它跨越了国家和地区的界线，涉及社会生活、经济领域等各个方面，成为各个国家、地区和社会集团所惯用的一些礼仪形式，逐渐形成了具有更加规范化、专门化的国际礼仪，为世界各国人民所接受并共同遵守。

（二）差异性

俗话说："十里不同风，百里不同俗。"作为约定俗成的行为规范，礼仪在拥有共性的同时，又表现出一种较为明显的民族、国别、地域的差异性。不同国家、不同民族、不同时代，由于各自历史文化传统和在长期历史过程中形成的心理素质特征不同，使各个民族、各个国家的礼仪，都带有本国家、本民族的特点。

小资料

一位美国人，在中国墓地见到一位中国人及其虔诚地在墓前摆上水果、糕点等食品，感到很困惑，就不解地问他："你认为你的祖先什么时候会起来吃这些水果？"这位中国人回答说："就在你的祖先起来闻你献给他的鲜花的时候。"这位中国人用幽默的方式道出了礼仪的这种差异性。

资料来源：刘晖. 实用礼仪训练教程. 北京：电子工业出版社，2008.

（三）操作性

交往过程中，礼仪在运用时，有其具体操作的章法。要按照每个步骤特定的规则和要求，依照程序，照章办事。

子模块一　见 面 礼 仪

交往过程中，人们往往凭借第一印象来加以判断决定是否与对方继续交往。在心理学中，第一印象所发生的这种先入为主的作用，叫做"首因效应"。所以，第一印象对我们认知他人并形成对他人的影响有非常重要的作用。

有人曾总结出：他人留下的印象总和=55%+38%+7%。也就是说人的印象的形成55%取决于一个人的外在表现，包括服装、体型、化妆等；38%取决于人的自我表现，包括说话的语气、语调、声音、体态等；7%取决于口头表达。

因此，掌握交往中的见面礼仪技巧是十分重要的。

一、问候礼仪

社会交往中，当人们互相见面时，使用的最普通最简单的礼仪就是向对方打个招呼，表示问候。问候方式多种多样，无论哪一种的问候都要做到恰当、规范。

长镜头

怀特太太为何生气？

有一位先生为一位外国朋友定做生日蛋糕。他来到一家酒店的餐厅，对服务员小姐说：“小姐，您好，我要为我的一位外国朋友订一份生日蛋糕，同时打一份贺卡，你看可以吗？”小姐接过订单一看，忙说：“请问您的朋友是小姐还是太太？”这位先生也不清楚这位外国朋友结婚没有，为难地抓了抓后脑勺说：“一大把岁数了，是一位太太。”生日蛋糕做好后，服务员按地址到酒店客房送生日蛋糕。敲门，一女子开门，服务员礼貌地问：“请问您是怀特太太吗？”女子愣了愣，不高兴地说：“错了！”服务员丈二和尚摸不着头脑。抬头看看房间号，再回去打个电话问那位先生，没错，房间号码没错。再敲一遍，开门，“没错，怀特太太，这是您的蛋糕。”那女子大声说：“告诉你错了，这里只有怀特小姐，没有怀特太太！”啪一声，门大力关上，蛋糕掉地。

资料来源：张秋埜. 酒店服务礼仪. 杭州：浙江大学出版社，2009.

思考：“怀特太太”为何生气？

她为什么发怒？

几个青年人到避暑山庄游玩，想抄近路去外八庙，向一位姑娘问路：“小师傅，请问去外八庙的路怎么走？”“回家叫你娘师傅！”姑娘怒目圆睁，愤愤而去，几个年轻人莫名其妙，找不出哪里得罪了姑娘。

点评：当地人称尼姑、和尚为师傅，一个年轻姑娘对这样的称呼能不发怒吗？所以说，在交际过程中，怎样称呼别人是很讲究的。得体的称呼，使人感到亲切，交往就有了一定的基础；称呼不得体，往往引起对方的愤怒，使双方陷入尴尬的境地。

资料来源：孙玲. 商务礼仪实务与操作. 北京：对外经济贸易大学出版社，2010.

（一）打招呼

打招呼是见面时最常用的一种礼仪。常用的打招呼用语有：“您好”、“早上好”或“早安”、“下午好”或“午安”、“晚上好”或“晚安”，以及“欢迎光临”、“请多关照”等。

打招呼应注意的问题：

1. 尊重女士

尊重女士，即由女士决定要不要主动和你打招呼。若女士主动和你打招呼，你只可向她答礼；若女士不主动和你打招呼，你可不必再去打扰。

2. 热情自然

热情自然是指在任何场合、任何情况，都要热情自然地向他人打招呼，不可太激动、鲁莽。

3. 适时灵活

一天内，同一场合，几次遇见同一个人，大可不必每次见面都说“您好”，可根据时间、具体情况，适时灵活的向对方打招呼。

4. 平等谦虚

人际交往中，不能只与认识的人、熟悉的人打招呼，只要是同自己打交道的，不论身份高低，见面时都应打招呼，比如在购物时应与售货员打招呼。

想一想

我们每个人每天都要在不同的时间、地点、场合与不同的人打招呼，那我们应该在打招呼的时候注意哪些礼仪呢？使用称呼时的禁忌有哪些呢？

（二）称呼

什么是称呼

称呼，主要是指人们在交往过程中彼此之间的称谓语，它表示着人与人之间的关系，也是表达彼此之间情感的一种重要方法和手段

在人际交往中，正确恰当地使用称呼，既可以显示出自身的修养和风度，也是向他人表示尊重的一种礼仪。

1. 称呼的方式

（1）通用称呼。一般来说，对于男士通常称“先生”，对于女士则要分清楚其身份，未婚年轻女性称“小姐”，已婚女性称“夫人”或“太太”，不明婚否者可称“女士”。对于知道其婚姻状况的女子也统称“小姐”（尤其是在涉外场合）。在我国，不论男女都可称为“同志”。

（2）职业性称呼。根据对方的职业进行称呼，称呼前可加姓氏。如：周老师、刘秘书、李医生、曹律师、司机师傅、导游小姐等。

（3）职务性称呼。特别强调对方的身份，为表示敬意，一般在正式场合使用。如：李经理、赵书记、陈处长、王校长等。

（4）职称性称呼。对于有专业技术职称的人士，可以以职称相称。如：刘教授、王工程师等。

（5）学衔性称呼。一般用于学术研究人员。如：张博士，李院士等。

（6）军衔性称呼。如：将军、上校、中尉等。

（7）亲属性称呼。对自己的亲属注意使用谦语。自己的长辈可称“家父”、“家兄”等；自己的晚辈可称“舍侄”、“舍弟”等；自己的子女可称“小儿”、“小女”。

对他人的亲属注意使用敬语。如“令堂”、“令尊”、“令郎”、“令爱”等。

（8）对认识熟悉的人，称呼较为随便，不受限制。同事间，如：“老王”、“小马”

等；街坊邻里，如“张大妈”、“李阿姨”等；对老者，可称“老人家”、“老伯”等；对德高望重的人，可在其姓后加一个“老”字，如：“叶老”“杜老”等。

（9）对陌生人和初次交往者，按照其身份特点进行称呼。如：称工人为“师傅”，学术界、文化界的人互称“老师”，非正式场合，根据年纪称“大叔”、“大妈”等。

（10）涉外称呼。对地位较高的官员，一般为部长以上的高级官方人士，按照各个国家的习惯，可称“阁下”，如“总统阁下”、“部长阁下”等，美国、德国、墨西哥等国家一般称“先生”。

在君主立宪制国家，对国王、皇后应称“陛下”，王子、公主称为“殿下”。

教会中的神职人员，可称教会的职称，或姓名加职称，或职称加先生。如“拉尔神父”、“传教士先生”、“牧师先生”等，对主教以上的神职人员也可称“阁下”。

2. 称呼的注意事项

（1）讲究顺序。先长后幼、先上后下、先女后男、先疏后亲。

（2）注意对象。“师傅”、“同志”是我国除了亲属以外的一种常用礼貌称呼，使用时一定得注意对象，否则适得其反。如：在学校见老师时叫“师傅”；见到外宾称“同志”等，都不符合礼仪要求。

（3）遵守文化差异。选择称呼时要注意对方的个人习惯，入乡随俗。如：我国南方某些地区称农民为“老表”；山东等地喜欢称人为“伙计”。

我国对年长者为了表示敬重，称“老”，但在西方却是忌讳别人说自己老的。“爱人”一词，在大陆适用于夫妻之间，但在涉外场合，不能随便用“爱人”一词，因为在西方国家“爱人”是“情人”的意思，不可随便乱用。

（4）礼貌得体，不使用外号。

（5）不可随便称呼他人的姓名。

3. 称呼的禁忌

（1）错误的称呼。错误的称呼常见的有两种：误读和误会。

误读指的是念错姓名，如“单（shàn）”、“仇（qiú）”。所以为了避免这种情况，要事先做好准备，若是临时遇到，则应该谦虚请教。

误会指的是对被称呼的年纪、辈分、婚否以及其他人的关系作出了错误的判断。如：将未婚妇女称为“夫人”，就属于误会。

（2）过时的称呼。有些称呼，具有明显的时代性，随着社会的发展变化，已不再使用。如“老爷”、“相公”等。

（3）不通行的称呼。有些称呼，具有鲜明的地域性，不被广泛使用，如“爱人”、“师傅”、“伙计”的不同含义。

（4）庸俗低级的称呼。在正式场合，有些称呼是不能使用的，听起来比较庸俗，档次不高。如“哥们”、“姐们”、“兄弟们”等。

（5）称呼外号。要尊重别人。不要随便给别人取外号，更不能随便拿别人的名字开各种玩笑污蔑他人。

小资料

不同情况下敬语的使用

在交往活动中，礼貌用语有很多，我们首先应掌握最基本的“文明十字”：“您好、谢谢、请、对不起、再见”。另外在不同的场合还可以用以下敬语：

初次见面说“幸会”、“您好”	长期未见说“久违”
问人姓氏说“贵姓”	问人住址说“府上”
仰慕已久说“久仰”	看望别人说“拜访”
求人帮忙说“劳驾”	请人协助说“费心”
向人询问说“请问”	请人解答说“请教”
托人办事说“拜托”	求人方便说“借光”
请人指点说“赐教”	麻烦别人说“打扰”
请人接受说“笑纳”	接受好意说“领情”
请改文章说“斧正”	赞人见解说“高见”
希望照顾说“关照”	得人帮助说“谢谢”
祝人健康说“保重”	老人年龄说“高寿”
向人祝贺说“恭喜”	慰问他人说“辛苦”
身体不适说“欠安”	请人谅解说“包涵”
送人照片说“惠存”	归还物品说“奉还”
无法满足说“抱歉”	言行不妥“对不起”
欢迎购买说“光顾”	需要考虑说“斟酌”
对方来信说“惠书”	陪伴朋友说“奉陪”
请人赴约说“赏光”	自己住家说“寒舍”
迎接客人说“欢迎”	没能迎接说“失迎”
等候别人说“恭候”	宾客来至说“光临”
客人入座说“请坐”	中途先走说“失陪”
送客出门说“慢走”	请人勿送说“留步”
临分别时说“再见”	送人远行说“平安”

二、致意礼仪

致意是一种无声的问候礼仪。在交往过程中，是一种动作问候的行为，人们常常采用招手致意、点头致意、欠身致意、脱帽致意等形式来表示友好和尊敬。不同国家、不同民族，致意的方式也有所不同。恰到好处地致意，更能表达你的诚意，让对方感到你的真诚和对他人的重视。

（一）点头礼

点头礼，又称颔首礼。常用于熟悉的人在公众场合不适宜交谈时；同一场合已见面多次者；遇上多人却无法一一问候时，可采用点头礼打招呼，表示敬意。

点头礼的要求是：目光注视对方，面带笑容，头部向下轻轻一点，幅度不要过大。

（二）举手礼

举手礼和行点头礼的场合大致相似，举手礼适合与距离较远的人打招呼。

具体做法：举起右臂向前方伸直，右手掌心面向对方，五指自然张开，手左右轻轻摆动一两下。

注意：

行举手礼时，目光注视对方，面带笑容，不可将手上下摆动，不可将手背面向对方。

（三）脱帽礼

戴着帽子的人在进入某些场合，需主动将自己的帽子摘下，以示尊重。比如：进入他人居所，进入娱乐场所，路遇熟人，与人交谈、握手时，或升挂国旗、演奏国歌的情况下。现役军人可以不脱帽，女士在社交场合也可以不摘帽子。

（四）注目礼

在升国旗、游行检阅、开业挂牌、剪彩揭幕等情况下，行注目礼。

具体做法：立正站好，抬头挺胸，双手自然下垂或贴放于身体两侧，表情严肃庄重，双目正视行礼对象，或随之缓缓移动。

（五）拱手礼

拱手礼是我国民间传统的一种会面礼仪。主要适用于在重大节日亲朋好友间的祝愿，向长辈祝寿，参加婚礼、生日等向当事人表示祝贺，初次见面时表示久仰等。

具体做法：起身站立，上身挺直，两臂向前伸出，双手在胸前高举抱拳，一般为右手抱左手，左手握空拳，拱手齐眉，自上而下或由内而外，有节奏的晃动两下。拱手的同时还会伴随寒暄语，如“幸会幸会”、“久仰久仰”、“恭喜恭喜”、“请多关照”等。

（六）合十礼

合十礼，即双手十指相合。在泰国、缅甸、老挝、柬埔寨、尼泊尔等信奉佛教的国家和地区普遍使用，我国傣族聚居区和佛教徒也用合十礼。

具体做法：两掌胸前相合，十指伸直，指尖和鼻尖基本持平，手掌向外倾斜，双腿直立、站好，上身微欠低头。行礼过程中，可以面带微笑，并问候对方，但不可手舞足蹈。注意：合十的双手举得越高，越能体现对对方的尊敬，但原则上双手不可高于额头。

（七）拥抱礼

拥抱礼主要流行于欧美国家，多用于迎送宾客、慰问或祝贺时，是十分常见的见面礼和道别礼。

具体做法：两人相对站立，上身稍向前倾，各自举起右臂，右手环拥对方左肩，左臂在下，环拥对方右腰，各向对方右侧拥抱，然后再向对方左侧拥抱一次。

（八）亲吻礼

亲吻礼，行礼时往往于拥抱礼相结合，是西方常见的会面礼。

行礼时，身份不同、关系不同，亲吻的部位也会不同。长辈亲吻晚辈，适合吻额头；

晚辈亲吻长辈，适合吻下颌或面颊；平辈之间，同性适合贴面，异性适合亲吻面颊。在社交场合，男子可以对尊贵的女子亲吻其手指或手背。

（九）鞠躬礼

鞠躬礼，即弯身行礼，主要用来表示对别人的尊敬。比如下级向上级、学生向老师、晚辈向长辈表示由衷的敬意，有时也用于向他人表示深深的感激之情。在某些行业，还用于向客人表示欢迎、问候。

鞠躬礼常见的适用场合有演员谢幕、讲演、领奖、举行婚礼、悼念等，是中国、日本、朝鲜传统的礼仪。

具体做法：行鞠躬礼时，一般施礼者距离受礼者 2 米左右，脱帽，呈立正姿势，面带笑容，目视前方，上身弯腰前倾一定程度，然后恢复原状，同时可伴有“您好”、“请多关照”、“欢迎光临”等问候语。施礼时，一般男士双手自然下垂，贴放于身体两侧；女士则多采用双手下垂，搭放于腹前。

1. 鞠躬礼分类

根据不同的场合，鞠躬礼一般分为一鞠躬和三鞠躬。

（1）一鞠躬。上身向前前倾一次，大约 15—45 度。

一般问候、打招呼行礼 15 度左右。

迎宾行礼 30 度左右。

送客行礼 45 度左右。

（2）三鞠躬。上身向前前倾三次，大约 90 度（适用于传统婚礼、悼念活动）。

2. 注意事项

（1）行礼时，为了表示谦恭的态度，目光应向下看，视线落在对方脚尖部位，不可以在弯腰的同时抬起眼睛望着对方。礼毕起身时，目光应有礼貌地注视对方，以示诚意。

（2）在我国，接待外宾时也常用鞠躬礼。日本人见面一般不握手，而习惯于相互鞠躬。在接待时，要尊重其风格，行鞠躬礼。

练一练

以腰为轴线分别进行 15°、30°、45° 的鞠躬礼练习，注意与点头礼的区别。

子模块二 介绍礼仪

什么是介绍

介绍是人与人相互认识的桥梁，是人们开始交往的第一步，是人际交往中进行沟通、相互了解、建立联系的基本方式和必不可少的手段。

通过介绍，可以增加亲切感，缩短人和人之间的距离，进而促进继续交往。在交往礼仪中，介绍主要有自我介绍、他人介绍和集体介绍三种类型。

一、自我介绍

在交往中，得体的自我介绍有利于展示自我，扩大交际范围，有助于社会交往活动的顺利开展。

（一）自我介绍的时机

第一，交往中，与不相识者交往或与他人不期而遇，需建立临时接触时；

第二，交往中，有不相识者表现出对自己感兴趣或被要求自己做自我介绍时；

第三，欲结识某人，无人引见需自我推荐、自我宣传时；

第四，应聘求职、参加竞选时；

第五，演讲发言前等。

（二）自我介绍的内容

自我介绍有“四要素”：单位、部门、职务、姓名。根据交往场合、环境与对象的不同，自我介绍的内容也有不同的针对性。

1. 应酬式

应酬式的自我介绍最简洁，一般只包括姓名一项。它的对象，主要是进行一般接触的交往人士，适用于一些公共场合和一般性的社交场合。如：“您好！我是王丽。”

2. 工作式

工作式的自我介绍主要用于工作场合，内容包括自我介绍的“四要素”，即单位、部门、职务、姓名，缺一不可。

3. 交流式

交流式的自我介绍适用于社交活动中，是一种刻意希望、寻求与交往对象的进一步的交流与沟通的介绍形式，这种自我介绍通常希望对方认识自己、了解自己、对自己产生兴趣并与自己建立联系。内容大体包括姓名、工作、单位、籍贯、学历、兴趣以及与交往对象的某些熟人的关系等。如：“您好，我是王丽，是某某学校的音乐老师，和您妹妹李莉是同学。”

4. 礼仪式

礼仪式的自我介绍常带有欢迎和致意的意思，适用于仪式、庆典、讲座、报告、演出等正规隆重的场合，是向对方表示敬意、友善的自我介绍方式。内容除了介绍姓名、单位、职务外，还应适当加入一些敬语、谦辞，以表示对交往对象的尊敬。

5. 问答式

问答式的自我介绍讲究因问而答、有问必答。适用于应聘、应试、公务交往等场合。

注意：

第一次介绍时单位名称要用全称，不用简称，以免产生误解。

（三）自我介绍的分寸

1. 把握时间

做自我介绍时，力求简洁，时间以半分钟为宜，最多不可超过一分钟。要注意选择合适的时间进行自我介绍，比如在对方情绪好、有空闲、有兴趣、有要求并无其他事干扰时进行，反之则不适合。另外，做自我介绍时还可以加以辅助工具来提高效率，如名片、介绍信等。

2. 内容适度

自我介绍时要把握一个原则：简明扼要。内容要真实可信，实事求是，即不可夸夸其谈、华而不实，也不可过分谦虚，故意贬低自己。根据实际需要和所处的场合，内容要有针对性，在某些非正式场合，只需让对方能够认识你，能够称呼你就可以了；如果和对方都有想进一步的沟通与认识，则可以进一步补充。

3. 讲究态度

进行自我介绍时，要保持正确的站姿，目光平视，面带微笑，充满自信。态度要自然、亲切、随和、友善，落落大方，彬彬有礼，不矫揉造作。语速适中、吐字清晰、语调亲切，同时注意手势，不要指指点点。

二、他人介绍

他人介绍又称为第三方介绍，即为他人介绍。在交往过程中，素不相识的双方往往是通过第三方的引见和介绍才认识的。在充当介绍人角色时，介绍人一定要掌握他人介绍的礼仪规范。

（一）介绍人（第三方）

介绍人的担当往往根据场合来确定。

1. 主人介绍

家庭聚会、宴会、舞会等场合，介绍者应为主人，严格来讲应该为女主人。

2. 专职人士介绍

一般指的是专门的公关人员、礼宾人士等。比如前台接待人员、秘书等。

3. 对口人员介绍

对口人员指的有外人去找你，你就是对口人员，就应该把外来找你的这个人介绍给其他人。

4. 最高长官介绍

接待贵宾时，介绍人应为东道主的最高人员。

5. 熟人介绍

非正式场合，介绍人可以是双方都认识的熟人。

注意:

在为他人介绍之前，介绍人一定要先征求被介绍者双方的意见，了解双方是否有结识的愿望，应先打个招呼，不要贸然行事，应让其有所准备，以防措手不及。

（二）介绍的顺序

为他人作介绍时，会遇到一个比较敏感的问题，即先介绍谁后介绍谁的顺序问题。

根据礼仪要求和规范，在介绍他人的顺序问题上应遵循“尊者居后”原则，即“尊者有优先知情权”，先把地位、职务低的一方介绍给地位、职务高的一方。按照这个原则，为他人做介绍时的顺序一般有如下几种：

介绍女士与男士认识时，先介绍男士，后介绍女士；

介绍长辈与晚辈认识时，先介绍晚辈，后介绍长辈；

介绍上级与下级认识时，先介绍下级，后介绍上级；

介绍来宾与主人认识时，先介绍主人，后介绍来宾；

介绍同事与客户认识时，先介绍同事，后介绍客户；

介绍已婚者与未婚者认识时，先介绍未婚者，后介绍已婚者；

介绍同事、朋友与家人认识时，先介绍家人，后介绍同事、朋友；

介绍与会先到者于后来者认识时，先介绍后来者，后介绍先到者；

介绍地位低的与地位高的认识时，先介绍地位低的，后介绍地位高的。

（三）介绍的内容

介绍的内容

△一般式　　△引见式　　△简单式

△强调式　　△推荐式　　△礼仪式

1. 一般式

一般式，也叫标准式，主要介绍双方的姓名、单位、职务等。一般用于正式场合。如：“请允许我为两位来介绍一下。这位是某某公司销售部主任李涛先生，这位是某某集团副总经理王荣先生。”

2. 引见式

引见式是指介绍者只需将被介绍者引导在一起就可以了，给被介绍者提供一个交流的机会，适用于普通的交往场合。

3. 简单式

简单式的介绍时，介绍者只需介绍被介绍者的姓名一项，也可以只介绍其姓氏，在一般的社交场合使用。

4. 强调式

强调式介绍是指介绍时往往会强调其中一位被介绍者与介绍者之间的特殊关系，以期引起另一位被介绍者的重视。

5. 推荐式

推荐式的介绍，适用于比较正规的场合。介绍者会经过精心准备，然后将某人举荐给另外一人，介绍时会对前者的优点加以重点介绍。

6. 礼仪式

礼仪式的介绍，适用于正规、隆重的场合，是最为正式的一种他人介绍方式。介绍时，在称呼、表达、语气上要求更为规范、礼貌和谦恭。

三、集体介绍

集体介绍是指在为他人介绍时，被介绍的一方或者双方不止一个人，可能是许多人，是他人介绍的一种特殊介绍方式。

做集体介绍时，介绍的顺序可参照他人介绍的顺序原则进行。基本顺序是：介绍双方时，先卑后尊。介绍其中的各自一方时，则按身份高低由尊而卑、按座次顺序（由近及远）进行。

（一）将一个人介绍给大家

也可以称为单向介绍，适合于在重大活动中对身份高者、年长者和特邀嘉宾的介绍。例如在做报告、演讲、会议、会见、比赛时，一般只需要将主角介绍给大家。

（二）根据身份、地位的高低

如果被介绍双方身份、地位大致相似，介绍时应先介绍人数较少的一方，后介绍人数较多的一方。

如果被介绍双方身份、地位存在差异，身份、地位高的一方即使人数较少，甚至可能只有一人时，仍然要将其放于尊贵的位置，最后介绍，先介绍人数较多的一方，再介绍身份、地位高的一方。

（三）人数较多的双方介绍

若介绍的一方人数较多，可采取笼统的方式进行介绍。如“这是我的家人”、“这是我的同学”。

（四）人数较多的各方介绍

被介绍者不止两方时，需要对被介绍的各方进行位次排列，具体方法有：

以其单位规模为准，先小后大；

以其负责人身份、地位为准，先低后高；

以单位名称的英文字母顺序为准；

以座次顺序为准，先前再后；

以距介绍者的远近为准，先近后远。

如果需要介绍各方的成员时，应按照由尊到卑的顺序进行介绍。

练一练

以你作为第三者为他人做介绍。要注意介绍的神态和手势，介绍的顺序是否是正确的？

子模块三　名 片 礼 仪

名片是商务人员、白领人士随身必备的物品之一，是一个人身份、地位的象征。在交往活动中作为一种“自我介绍信”和“社交联谊卡”，起着十分重要的作用。

小资料

漫不经心的崔董事长

2000 年 4 月，新城举行春季商品交易会，各方厂家云集，企业家们济济一堂。华新公司的徐总经理在交易会上听说衡诚集团的崔董事长也来了，想利用这个机会认识这位素未谋面又久仰大名的商界名人。午餐会上他们终于见面了，徐总彬彬有礼地走上前去，“崔董事长，您好，我是华新公司的总经理，我叫徐刚，这是我的名片。”说着，便从随身带的公文包里拿出名片，递给了对方。崔董事长显然还沉浸在之前的与人谈话中，他顺手接过徐刚的名片，简单说了一句“你好，”草草地看过，便放在了一边的桌子上。徐总在一旁等了一会儿，并未见这位崔董有交换名片的意思，便失望地走开了。

这位崔董事长对于名片这种交往方式太心不在焉了，他没有认识到他的举动对别人是非常不礼貌的，从而使自己失去了多认识一个朋友的机会，也失去了许多潜在的商机。

点评：现代社会，名片交换是重要的交际渠道，它可以向对方表示尊重，也可以增进双方的了解，在任何时候都应引起重视。参加工作的人，一般都应该有自己的名片，并且应放在适当的地方以便随时取用。外事交往中，一般不宜向人索要名片。在递送名片时，应面带微笑，用右手或双手执名片，注意名片正面朝着对方，以齐胸的高度递送过去。同时可以说明“请多关照”、“今后常联系”等。在接受他人名片时，更应体现出对他人的尊重。若对方站立，接受者也应起身，双手或以右手郑重地接过对方的名片，并口中称谢。然后，应将对方的名片浏览一遍，有时需要小声读出。最后，将名片仔细地收藏在名片夹或上衣口袋内。以左手接名片，或接过名片并不看且随手乱放，以及接过他人名片却并不交换自己的名片，都是非常失礼的。在自己没有名片时，可以婉言“对不起，我的名片刚用完”或“抱歉，今天没有带名片”等等。规范的名片交换是好的交往的开始。

资料来源：孙玲. 商务礼仪实务与操作. 北京：对外经济贸易大学出版社，2010.

一、名片的功能（用途）

名片的功能

△自我介绍　△自我宣传　△方便联系
△结交朋友　△代替礼单　△通报情况　△充当留言

（一）自我介绍

交往过程中，在口头上略作自我介绍后，随即递上自己的名片，以书面的自我介绍加以辅助，对方就会更加了解自己的基本情况，为进一步的沟通和交流奠定基础。

（二）自我宣传

交往过程中，与人交换名片，可借助于名片的帮助，对自己恰当地进行自我宣传，以便更好地扩大交际面，发展更多的合作伙伴，开拓业务渠道。

（三）方便联系

名片上的个人信息比较齐全，使人一目了然，方便查找，方便记录。

（四）结交朋友

与人初次会面，希望与之相识、与之交好时，可主动递上自己的名片，架起沟通的桥梁。

（五）代替礼单

向他人赠送礼物或者鲜花时，在礼物、花束或花篮中放一张名片，可起到代替礼单的作用。

（六）通报情况

当自己联系方式有变化或名片其他信息有变时，可给对方一张新名片，以告知他人。此外，还有一种通报情况——“拜帖”，即有事求见他人时，为了方便对方了解自己的情况，并使自己免于吃闭门羹的难堪，可先请人转递一张自己的名片给对方。

（七）充当留言

拜访他人，而他人不在或托人办事时，可以留下一张名片，以代之留言，也是一种交往的凭证。

二、递送名片礼仪

（一）做好准备

参加社会交往活动，要提前准备好名片。用专用名片夹放置名片，也可放在上衣口袋或公文包里。名片要保持干净、整洁。

（二）把握时机

递送名片不能逢人就发，要把握好时机，要在必要的时候递送名片，一般应选择初识之际或分别之时。例如希望认识对方时，被介绍给对方时，对方提议交换时等。

（三）讲究顺序

递送名片时一般按照“先客后主，先低后高”的顺序，如：客人先递给主人，男士先递给女士，地位低的人先递给地位高的人，下级先递给上级，晚辈先递给长辈等。

如果递给很多人，则应按照职务高低、年龄大小“由尊而卑”或者不分职务年龄“由近及远”、按顺时针方向依次递上，切不可跳跃式递送名片。

（四）递送方法

递送名片态度要谦恭，动作要标准。递送时，起身站立，以双手或右手食指和拇指执名片的两角，举至胸前，以文字正对对方，一边自我介绍，一边递上名片。此时，眼睛要正视对方，面带微笑，并附有“请多多关照、请多多指教”等寒暄语，切忌目光游离、漫不经心。切忌用左手递送名片。

三、接受名片礼仪

（一）使用双手

接受对方的名片时，为表示出对对方的尊敬，应暂停手中一切事务，尽快起身，面带微笑，注视对方，用双手的拇指和食指接住名片的下方两角。如图 6-1 所示。

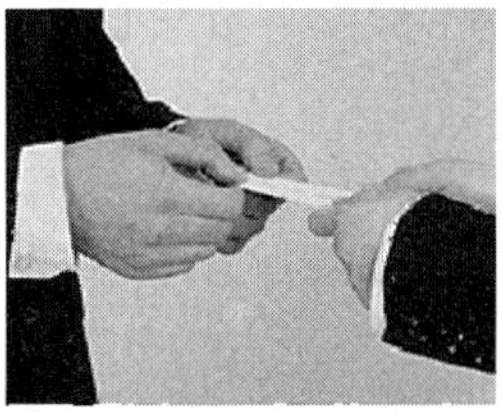

图 6-1　递名片交易

（二）表示感谢

接过别人的名片要表示谢意，多使用谦语和敬语，如“谢谢”、“请多指教”、“请多关照”、“十分荣幸”、“认识您很高兴”等。

（三）仔细阅读

接过别人的名片，要仔细认真地从头到尾看一遍，如果是初次见面，最好是把名片上的重要内容读出声来，如对方的职务、头衔可以着重强调，并带头表示尊重和敬佩。当遇到不认识的或者不能确认发音的字，应当礼貌地向对方请教，马上询问其读法，这样一方面以免失礼，另一方面也是使对方觉得受到尊重的表现。

（四）回敬对方

一般接受别人的名片后，要注意有来有往，应立即回敬对方一张自己的名片。自己如果没有名片、名片已用完或没带名片时，应向对方表示歉意，并向对方说明情况。必要时，可征得对方同意，用干净整洁的纸来代替，写下个人资料信息。

（五）收藏到位

看过名片之后要将对方的名片放在恰当的地方，精心收藏。一般应放在名片夹、名片包、公文包、上衣口袋内，以示尊重。

四、如何索取名片

如何索取名片

△交换法　　△询问法

在社交场合，如非万不得已，一般不得向别人索要名片，若确实想得到对方的名片时，可采取以下几种方法向对方索要名片。

（一）交换法

主动向对方递送名片，对方会回赠。

（二）询问法

与长辈、地位高的人交往时，可以采用询问法，委婉地索取名片。如“今后如何向您老请教？”对平辈、晚辈或与自己地位相仿的人，可以这样说：“以后怎样和您联系？”

五、名片交换注意事项

（一）自己名片存放

用专用的名片夹、名片包，然后放到公文包中，或上衣口袋，忌下衣口袋。

（二）出示名片，应把握机会

（三）接过别人的名片，切忌不加确认就放入包中

忌放在裤兜、裙兜、提包、钱夹中；忌随手乱扔（夹在书刊、材料中，压在玻璃板下，扔在抽屉里）

（四）忌“批发式”散发名片

六、名片使用的忌讳

（一）任意涂改

在交际场合，宁肯不给他人名片，也不能给涂改过的名片，以免破坏自己的形象。

（二）印两个以上的头衔

名片上不可印两个以上的头衔，如果头衔较多，可选择一两个最主要的、最能说明身份的，否则会给人一种不真实、浮夸、炫耀的感觉。

（三）提供私宅电话

社会交往中，名片作为社交联谊的介绍信，一般只向他人提供办公电话或手机，不提供私宅电话。

（四）玩耍名片

不能随便拨弄他人的名片，也不能在他人名片上乱写乱画，这些行为都是不尊重人的表现，极其不礼貌。

小资料

西方递送名片礼仪

西方递送名片礼仪与我国存在一些不同：

1. 一名男士去拜访一个家庭时，若想送名片，应分别给男、女主人各一张，再给这个家庭中超过18岁的女士一张，但绝不在同一个地方留下3张以上名片。

2. 一名女士去别人家拜访，若想送名片，应给这个家庭中超过18岁的女士每人一张，但不应给男士名片。

3. 如果拜访人事先未预约，也不想受到会见，只想表示一下敬意，可以把名片递给任何来开门的人，请他转交主人。

4. 若主人亲自开门并邀请拜访人进去，拜访人也只应稍坐片刻，并将名片放在桌上，不可直接递到女主人手里。

资料来源：刘晖. 实用礼仪训练教程. 北京：电子工业出版社，2008.

练一练

训练双手递、接名片。注意要表现出恭敬的态度。

子模块四　邀请与接待礼仪

邀请，是社会交往接待活动中最基本的形式和重要环节，是表达主人情意、体现礼貌素养的重要方面。

一、邀请

交往活动中，人们为了召集他人参加某种活动，都会发出邀请，这是一种礼节。邀请有正式和非正式之分。正式的邀请为了体现郑重，一般以书面的形式进行，多用于比较正式、隆重的场合，一般提前一周发出邀请。非正式的邀请，一般以口头的形式进行，如口头邀请、当面、托人、电话邀请等。

当发出邀请并得到对方确认后，在活动进行的前两天还应通过电话向受邀请者进行提醒和确认，以免临时出现变故。

二、礼貌周全地接待

接待是指个人或单位以主人的身份招待有关人员，以达到某种目的的社会交往方式。

在接待过程中，无论是单位还是个人在接待来访者时，都希望客人能乘兴而来、满意而归，为达到这一目的，一定要遵循平等、热情、礼貌、友善的原则，一定要展现并保持亲切友好的笑容，使用简单明了的礼貌用语和问候语，如“您好”、“谢谢”、“对不起”、“请”、“再见”、“有什么可以帮到您？”等。交谈过程中要与人适度交流，避免出现令人不悦的接待服务表现。

（一）正确恰当地引导

引导过程中要注意手势的优雅，指引的方位要明确，同时注意危机提醒，比如台阶、梯坎等。

1. 上下楼梯的引导

上下楼梯时，让客人走在楼梯的里侧，不要和客人并行走。上楼梯时，前者为尊，应该让访客先走，因为一般以为高的位置代表尊贵。下楼梯时，特别是楼梯较陡时，尊者在一人之后。

如果楼梯狭窄，不能同时容纳上、下的人群，要先让下楼的走，再上楼。

2. 搭乘电梯的引导

无人服务电梯：接待人员要遵循“先进后出”的原则。接待人员先按电梯按钮，电梯到达，门打开时，先行进入电梯，一手按开门按钮，另一只手引导客人们进入，同时礼貌地说“请进”，在电梯内，接待人员要侧身面对客人，站到电梯开关侧；到达目的楼层后，一只手按住开门按钮，另一只手做请出的动作，可说“您先请！”当客人走出电梯后，自己要立刻步出电梯，并热诚地继续引导行进的方向。

有人服务的电梯：则应遵循“后进后出”的原则。

3. 进入会客室大门的引导

对于外开的门，先敲门，然后拉开门扣住把手站在门边，同时做出指引手势，并说“请进”；如果是内开的门，要先轻轻敲门，然后推开门，侧身扣住把手站在门边，再请客人进入——“请进”，当客人进去之后轻轻退出并将门关上。

（二）安排正确的座次

接待礼仪中，座位的排序是非常有讲究的。就前后排关系而言，前排就座者为尊、为长、为高、为强，第二排次之，第三排更次，以此类推；就同一排的关系而言，中者为尊、为长，两侧次之；就两侧同位者而言，右者为大、为长、为尊，左者为小、为次、为偏。

一般会客室远离门的座位为上座；靠近窗子的座位为上座；按照国际惯例是“以右为上”、以右为尊”——第一尊贵的客人坐在第一主人的右边。但是中国政务礼仪中，中国的习惯是“以左为上”，会把第一尊贵的客人安排在第一主人的左边，实际操作时可以按照会谈者的习惯灵活处理。

（三）敬茶

在接待过程中，为客人敬茶是待客的一项重要内容。一般敬茶的步骤如下：

1. 做好准备

先洗手，然后检查茶具的清洁。

2. 倒茶

首先检查每个茶杯的杯身花样是否相同；茶水的温度应该以 80 度为宜；注意杯中茶水大约为茶杯容量的六至七成，也可以说是七分满；每一杯茶的浓度要一样。

3. 敬茶

给客人敬茶时，要先给坐在上座的重要宾客（主宾和他的同事），方法是按照顺时针的方向把茶水端给宾客。这样做的好处是，当不知道哪位是主宾的时候，用这种方法不会得罪人。

敬茶的方法：在杯子下半段 1/2 处，右手在上，左手在下托着茶杯或者托着茶盘，要避免手指接触杯口，一般要从客人的右后方将茶递给客人，放在客人右手的前方以方便拿取；若是客人坐在较矮的沙发上，宜以蹲姿敬茶，这样既能保持姿态的优雅，又显示了对宾客的尊重。敬茶的同时应说："请用茶"；中途续茶时为不影响交谈，则不必说。

续茶可两人配合进行，首先从客人背后右手边伸手示意，表示打扰，然后一人端杯，一人倒水。若是单人续茶，为有盖茶杯加水时，要注意方法。应左手手心向上，以小指和无名指夹起杯盖，右手加水。

（四）行车座次安排

就乘小轿车而言，如由驾驶员开车，按汽车前进方向，司机后排右座为尊位，副驾座位一般坐秘书、助手、接待或陪同人员。如果是主人亲自驾车，则主人旁边的位置——副驾驶座位是尊位。

9 人以下的小客车在座次安排中，主宾坐在中排靠近右车门旁边的位置，而在游览车的座次安排中，主宾则坐在驾驶座后面第一排右侧的第一个座位上。

（五）有情有礼地送别

送客是接待的最后一个环节，如果处理不好将影响到整个接待工作的效果。送客礼节 ，重在送出一份友情。

1. 婉言相留

无论是接待什么样的客人，当客人准备告辞时，一般应婉言相留 ，这虽是客套辞令，但也必不可少。另外接待人员要等客人起身后站起相送，切忌比客人先站起来。分手时应充满热情地招呼客人"慢走"、"走好"、"再见"、"欢迎再来"、"常联系"等等。

2. 送客有道

送客时，可将客人送至车站、机场或者大厅。要与客人握手，目送离开，不要急于返回，应在客人的身影完全消失后再返回。否则，当客人走完一段路再回头致意时，发现主人已经不在，心里会有些不是滋味，会给人留下不尊重、没有礼貌的印象。

另外在家里或者办公室送客时，送毕返身进屋时，应将房门轻轻关上，不要使其发出声响。

到车站、码头或机场送客时，不要表现得心神不宁，以使客人误解在催他赶快离开。

送客到机场，最好等客人通过安检后再返回，因为也许有些物品不让带上飞机而需要你保管。

祝愿语使用“祝您一路平安”等。

长镜头

周总理为什么发火？

1962 年，周总理到西郊机场为西哈努克和夫人送行。亲王的飞机刚一起飞，我国参加欢送的人群便自行散开，准备返回，而周总理这时却依然笔直地站在原地未动，并要工作人员立即把那些离去的同志请回来。这次总理发了脾气，他严厉起来了，狠狠地批评了相关同志。当天下午，周总理就把外交部礼宾司和国务院机关事务管理局的负责同志找去，要他们立即在《礼宾工作条例》上加上一条，即今后到机场为贵宾送行，须等到飞机起飞，绕场一周，双翼摆动三次表示谢意后，送行者方可离开。

分析周总理为什么发火？工作人员违反了什么送客礼仪规范？

练一练

在日常生活中你是如何进行接待的？注意接待过程中的礼仪要求。

子模块五　馈 赠 礼 仪

想一想

同学们，每当你为别人赠送礼物的时候，你都会选择怎样的礼物呢？你是怎样赠送或接收礼物的呢？

礼尚往来是礼仪交往中的一项重要礼节，馈赠礼物是交往过程中不可缺少的交往内容，它是向人表示友好、敬意的一种形式。所以要充分认识和重视馈赠的作用，掌握好礼仪的运用方法。

一、赠礼礼仪

向他人赠礼时，为了能使对方愉快的接受礼物，一定要注意赠礼的艺术性。那么，馈赠时应注意哪些艺术和礼仪呢？

（一）馈赠的 5W 规则

1. who，送给谁

要明确受赠的对象。

2. what，送什么

确定受赠对象之后就要考虑第二个问题，送什么？一般来讲，要注意几个问题：第一，要考虑礼品的时尚性。第二个问题，注意独特性，即人无我有，人有我优，人优我新。

另外，要根据交往的目的选择相应的礼物，因人因地的施礼，在选择礼物时，要突出礼物的针对性，要注意以下礼节：

轻重原则——轻重得当，以轻礼寓重情。

俗话说："千里送鹅毛，礼轻情意重"。礼物是言情表礼寄意的，是人们情感的寄托物，礼品既有其物质的价值含量，也有其精神的价值含量。礼物本身物质价值可能很轻，但它所寄予的情意则是浓重的。

效用性原则，即选择有使用价值的礼物。

投好避忌的原则。

由于国别、民族、宗教信仰、生活习惯、性格爱好的不同，在选择礼物的时候，需要把握投其所好、避其禁忌的原则，尤其要避其禁忌，入乡随俗。例如：天主教、基督教忌讳"13"和"星期五"；日本人、韩国等东亚国家忌讳"4"；白色纯洁，但中国人比较忌讳，因为在我国常常是悲哀、贫穷之色；黑色也是不吉利，凶灾之色、哀丧之色；红色则是喜庆、祥和、欢庆的象征，受到人们的普遍喜爱。

总之，要根据不同的受礼对象区别对待。如：对家贫者，以实惠为佳；对家富者，以精巧为佳；对恋人、爱人、情人，以纪念性为佳；对朋友，以趣味性为佳；对老人，以实用为佳；对孩子，以启智新颖为佳；对外宾，以民族特色为佳。

3. where，在什么地方送

赠送礼品的时候要考虑场合，例如公务交往的礼品一般应该在办公地点送，以示公事公办，郑重其事。通常情况下，当众只给一群人中的某一个人赠礼是不合礼节的，给关系亲密的人送礼也不宜在公开场合进行，只有象征精神方面的礼物才适合在众人面前当面赠送，如锦旗、牌匾、花篮等。

4. when，什么时间送

登门拜访时礼品应该在见面之初拿出来，这叫登门有礼，容易给别人留下一个良好的印象，礼品最重要的作用就是重视，礼仪这个字"礼"的意思就是尊重。

一般来说，应在相见或道别时赠礼。例如：送花可以在迎送初期；会谈会见时一般在起身告辞时赠送；签字仪式一般在仪式结束时互赠礼品；家宴一般在开始前赠送礼品。

5. how，如何送

送礼品有三种方法，第一是自己送，第二是托人送，第三是寄送。一般而言，礼品最好要亲自送，这样才能充分体现赠送者的诚意和礼节。若因某些原因不能亲自赠送时，可托人帮忙赠送或以邮寄的方式送达，这时最好在礼物里附上赠言或提前打电话交代清楚。

在交往中我们需要注意礼品的包装，包装时所使用的材料、色彩以及图案要有一定的讲究，送给外国客人的礼品一定要精心包装，因为外国人对礼品的包装很是重视，将其视为礼品的组成部分，所以礼品包装一定要尽善尽美。

（二）赠礼时应注意的事项

1. 赠礼时的态度、动作和言语表达

赠礼时，应该落落大方，平和友善，配以礼节性的语言，才能让受礼者欣然接受。不要像做贼似的将礼品悄悄放在房中某个角落，否则，不仅不能达到馈赠的目的，甚至会事与愿违。

2. 不适宜赠送的物品

（1）刀。“一刀两断的意思”，应避免选做礼品。但有两种刀有时可以做礼品赠送：一种是富有民族特色的礼品刀（如阿拉伯弯刀），另外一种就是瑞士军刀。

（2）钟和鞋子。钟或代表死亡，或代表浪费时间，因此不作礼品送人。鞋子往往被认为不洁或不吉利，也应避免作为礼品送人。

（3）药品。药品与疾病、不健康或死亡相联系。但保健品在很多国家受欢迎。

（4）动植物活体、生鲜食品、种子不宜送外国来访客人。许多国家有很严格的动、植物检疫法，不允许此类东西进入国门。

（三）赠礼的方式

1. 赠送礼品应双手奉上，或者用右手呈交，避免用左手。

2. 如果是会谈会见等活动，一般由最高职位的人代表本方向对方人员赠送礼品；赠送应从地位最高的人开始；先赠年长者后赠年少者；同一级别的人员中应先赠女士后赠男士。

长镜头

镜头一　赠送手帕的风波

背景：某旅行社在杭州定做了一大批真丝手帕，每块手帕上绣着花图案，十分漂亮。手帕装在别致的纸盒内，而且纸盒上印有该旅行社的社徽。没想到，当旅行社的导游把礼品送给刚到北京的意大利游客时，引起一片哗然，游客们很不高兴。

原来在意大利，有这样的习俗，只有亲朋好友相聚一段时间后，在告别时才赠送对方手帕，意思为“擦掉惜别的眼泪”。这些意大利游客高高兴兴地刚踏上中国大地，准备开始愉快的旅行，就遇到“擦掉惜别的眼泪”，自然十分扫兴。其中，一位夫人大喊大叫，十分气愤。这是因为送给她的手帕上绣着菊花图案。虽然菊花在中国很受人们的喜爱，也是北京市的市花之一，但在意大利，送给死人的物品上才有菊花图案。

资料来源：刘晖. 实用礼仪训练教程. 北京：电子工业出版社，2008.

镜头二　皮质的相框

云南省的一家外贸公司与印度某商贸公司最近做成一笔生意。为表示合作愉快，加强两公司今后的联系，努力成为密切的商业伙伴，中方决定向印方赠送一批具有地方特色的工艺品——皮质的相框。中方向当地的一家工艺品厂定制了这批货，这家工艺品厂也如期保质地完成了。当赠送的日子快要临近时，这家外贸公司的一位曾经去过印度的职员突然发现这批皮质相框是用牛皮做的，这在奉牛为神明的印度是绝对不允许的，很难想象如果将这批礼品赠送给印方会产生什么样的后果。幸好及时发现，才使中国的这家外贸公司没有犯下错误，造成损失。他们又让工艺品厂赶制了一批新的相框，这回在原材料的选择上特地考察了一番。最后在将礼品送给对方时，对方相当满意。

资料来源：孙玲. 商务礼仪实务与操作. 北京：对外经济贸易大学出版社，2010.

想一想

该公司赠送礼品时应如何避免可能犯下的错误？在赠送礼品时，尤其是涉外场合我们需要注意哪些事项？

二、受礼礼仪

当别人赠送礼物给我们时，我们也应当注意自己的行为与礼节，不能失礼于人。

（一）受礼时应注意的事项

1. 受礼者应在赞美和夸奖声中收下礼品，赞美礼物的精致，表示对礼物的欣赏。

2. 双手接过礼品，并对此表示感谢，“谢谢你的好意，感谢了”，必要时还要和对方握手道谢。

3. 要落落大方地接受，一般最好不要拒收，那会很驳人面子的，可以找机会回礼。但是，如果有些礼品确实不能接受，应立即说明原因，例如：“不好意思，您送给我的礼品我非常感谢，但我们单位有规定，在公务往来中不允许收受礼品，谢谢您的好意，请您拿回去”。

4. 东方人接受礼品时，在表示感谢后，往往会把礼品收起来，而西方人则往往习惯于当场打开礼品，并表示赞美，有时还会表示礼品正是自己期待已久的物品，一般在收到礼品一周之后，会写一封信表示感谢。

（二）回礼的时机与方式

一般而言，收到馈赠的礼品后，受礼人应回赠，从而更好地加强联系，增进友谊。在回赠礼品时，我们应该注意回礼的时机与方式。

回礼的时机与方式有很多种，既可以回赠一定物品，也可以用款待对方的方式来回礼。如果是回赠礼品，应注意以下几点：

（1）不超值，一般要价值相当。

（2）选择恰当的理由和合适的时机，如对方的生日、婚庆或晋级升迁的时候。

（3）分别时是最好的回礼时机之一。

子模块六　电 话 礼 仪

长镜头

镜头一

办公室秘书小刘周一上班时接到了四个电话，第一个电话是找于经理的，小孙把这个电话给于经理转接过去；第二个电话是找市场部娄部长的；第三个电话还是找于经理的，但此时于经理不在；第四个电话是顾客投诉的。

镜头二

秘书小丽外出进修，小李临时接替工作，有一天小李接听了一个重要的商务电话后，没来得及记录，就被家人叫走处理急事，等到回到公司后，商机已经错过，公司损失了重要订单。

资料来源：孙玲. 商务礼仪实务与操作. 北京：对外经济贸易大学出版社，2010.

想一想

假如你是小刘，你应该怎样接这些电话？
从小李身上，我们应该吸取怎样的教训？

随着生活节奏、工作效率的加快提高，电话日益成为现代人工作生活必备的沟通工具。电话作为一种只闻其声、不见其人的人际沟通，不仅反映着个人的涵养和风度，更体现着一个组织的文明和礼貌。打电话是一门艺术，如何打电话，怎样接电话，这是我们现代人的一门必修课。

一、电话交谈的基本礼仪

（一）表情要面带微笑

微笑的声音可以通过电话传递给对方一种温馨愉悦之感。

（二）姿态要保持端正

接打电话时，应停止一切不必要的动作，采取正确站姿、坐姿（伸直上身有助于语调提高），左手持话筒，右手拨号或做记录。

（三）语调要清晰愉快

自然发声，吐字清晰，发音准确，声音不要太大，嘴唇与话筒距离 3 厘米左右。不能对着话筒发出咳嗽的声音。

（四）要专心接打

不要边吃东西边打电话、不要在通话时把话筒夹在脖子下头、不要抱着电话机随意走动，或是趴着、仰着、坐在桌脚上，或是高架双腿与人通话。拨号时，不要以笔代手。

二、拨打电话礼仪

（一）选择恰当的时间

一般的公务电话最好避开临近下班的时间，因为这时打电话，对方往往急于下班，很可能得不到满意的答复。公务电话应尽量打到对方单位，若确有必要往对方家里打时，应注意避开吃饭或睡觉时间。

除了紧急事情之外，一般在以下时间不宜打电话：

三餐吃饭的时间；早晨 7 点以前；中午午休时间；晚上 10 点以后。

（二）做好打电话前的准备

电话用语应文明、规范，电话内容要简明、扼要，打电话前最好有“腹稿”。如怕内容遗漏，可以拟出电话要点，理顺说话顺序，备齐相关资料，做好准备再打。

（三）正确拨号

电话拨通后，完整响铃 5-7 次后还没人接听请挂断电话。拨错电话号码，应向对方表示歉意“对不起！”、“打搅了！”等，不要直接挂断电话，不作任何解释。

（四）礼貌通话

电话拨通后，应该首先问候对方“您好”，然后自报家门：“我是××单位的×××，请帮忙找×××先生（小姐）接电话，谢谢。”如果对方告知你要找的人不在时，不可毫无回音的将电话挂断，而应说：“谢谢，打搅了！”或说“谢谢，我过一会再打来或我改日再打”等。

拨打电话要“以短为佳，宁短勿长”，遵循“通话三分钟”原则。打电话时要考虑对方的处境，首先询问对方是否方便，在对方方便的情况下再开始交谈。如果对方回答不方便，应以商量的口吻再另约时间，让对方决定什么时候再打过去。

（五）恰当挂断电话

当打完电话后，使用简单的结束语挂断电话，说声“再见”。听到对方放下话筒后，自己再轻轻放下电话。

三、接听电话的礼仪

（一）及时接听

电话铃一响，应尽快去接，一般听到完整的两次铃响后，最好不要让铃声响过三遍。

（二）礼貌通话

拿起电话应先问好，再自报家门，如“您好，这里是××公司××部，请问您找谁？”让对方明白自己在跟谁通话。

询问时应注意在适当的时候，根据对方的反应再委婉询问。一定不能用很生硬的口气说：“他不在”、“打错了”、“没这人”、“不知道”等语言。电话用语应文明、礼貌，态度应热情、谦和、诚恳，语调应平和、音量要适中。

（三）仔细倾听，做好记录

接电话时，对对方的谈话可作必要的重复，重要的内容应简明扼要的记录下来，如时间、地点、联系事宜、需解决的问题等。

如果是代接电话，要用手轻捂话筒，然后通知受话人；如果受话人距离太远，要向对方说明“请您稍等一下”，然后再去找人，不要大声叫喊。如果对方要找的人不在，则要重新拿起话筒，询问对方是否需要转达，并记下对方电话号码，而不能让对方一直等或是放下电话一走了之。

（四）适时反馈，结束通话

电话交谈完毕时，应尽量让对方结束对话，若确需自己来结束，应解释、致歉。通话完毕后，应等对方放下话筒后，再轻轻地放下电话，以示尊重。

（五）亲切应对打错电话

遇到对方打错电话时，应以“没关系”或“不要紧”来处理。

四、手机使用礼仪

随着手机的普及，我们有必要了解和掌握正确使用手机的通话礼仪。

使用规范：

(1) 当手机铃声响起，应尽快接听。

(2) 因故未能接听电话，发现信息后要及时回话。

(3) 通话时要使用礼貌用语，使用文明字眼发送短信。

(4) 遵守公共秩序。在教室、图书馆、会议室等公共场合，必要时，应关机或处于静音状态。不允许在公共场合，尤其是楼梯、电梯、路口、人行道等人来人往处，旁若无人地使用手机。

(5) 自觉维护安全。驾车时，在病房、油库、飞机里时不要使用手机。

练一练

重点练习接、打电话的程序，注意语言的运用。

子模块七 实用文礼仪

礼貌得体的文书，是思想、是文化、是精神、是素养，更是一种内涵。

一、书信礼仪

书信是人们生活中最为普通、最为古老的一种沟通方式，是日常生活和工作中广泛采用的一种文书形式，也是最为正式、规范的一种沟通方式。书信可分为一般书信和申请书、倡议书、感谢信等专用书信两大类。

(一) 一般书信格式

1. 标题

一般情况无标题。

2. 称呼

第一行顶格写收信人的称呼，有的还可以加上一定的限定、修饰词，如“亲爱的”、“尊敬的”、“敬爱的”等。后加冒号“：”。

3. 正文

第二行空两格写正文，信的主体。转行，顶格写。如果内容较多，可分段。

4. 结尾

要写祝愿或表示敬意的话，以最一般的“此致、敬礼”为例。

“此致、敬礼”有两种正确的位置进行书写。一是紧接着主体正文之后，不另起段，不加标点；二是在正文之下另起一行空两格书写。“敬礼”写在“此致”的下一行，顶格书写。后应该加上一个惊叹号，以表示祝颂的诚意和强度。

5. 署名和日期

写信人的姓名或名字，写在祝颂语下方空一至二行的右侧。最好还要在写信人姓名之前写上与收信人的关系，如“儿×××”、“父×××、“你的朋友×××”等。在下一行写日期。

（二）证明信

证明信是证明一个人的身份、经历或一件事情的真实情况时所写的专用书信。它也通常被称为“证明”。证明信有单位开出的，也有个人提供的。证明信一般都要留存根或底稿，以备查找。

1. 固定式证明书信

（1）标题。上方居中 “证 明 信”，另起一行居中“××（单位）办字×号”。

（2）正文。×兹证明我（单位）同志（××，因到××，请解决××问题。特此证明。

（3）落款。右下方单位、日期（年 月 日）（盖章）。

2. 作为材料存入档案的证明信

（1）标题。上方居中 “证明信”。

（2）称呼。顶格书写存入档案单位。

（3）正文。另起一行，空两格。如“×年×月×日来信收到。根据信中要求，现将我校××同志的情况介绍如下：

××同志，现年××岁，中共党员，是我校音乐系老师，本人和家庭历史以及社会关系均清楚。该同志对教学工作认真负责，近年来多次被评为市级模范教师。

特此证明。

（4）落款。右下方单位、日期，并加盖公章。

3. 个人出具的证明信

（1）称呼。顶格书写。

（2）正文。另起一行空两格。如：

王××原为我校航海系××级学生，曾担任学生会主席职务，在校期间，该生遵守学校各项规章制度，没有参与任何不利于安定团结的活动。

特此证明。

（3）落款。右下方书写“证明人：×××”，证明下方写日期：×年×月×日。

（三）感谢信

感谢信是为了表示感谢而写的一种专业书信。受信者和写信者均可是个人或单位。感谢信可以直接寄送给对方单位或个人，也可公开张贴或送报社、电台。感谢信要求把被感谢对象的人物、事件准确恰当地叙述出来，评价要恰当，文字要精练，感情要真诚、朴素。

写作格式：

1. 标题

第一行正中写“感谢信”三字。

2. 称呼

第二行顶格写被感谢的单位名称或个人姓名、称呼，后加冒号“：”。

3. 正文

写内容，叙述先进事迹，赞扬好的作风以及产生的效果，表达感激之情。

4. 结尾

写表示感谢、敬意的话。

5. 署名

写单位名称或个人姓名，日期。

二、请柬

请柬又称请帖，是人们在节日和各种喜事中请客用的一种简便邀请信，是为邀请宾客参加某一活动时所使用的一种书面形式的通知，表示对客人的尊重和邀请者的郑重态度。

（一）写作格式

1. 封面

在封面上写“请柬”（请帖）二字，力求雅致。抬头写被邀请者（个人的姓名或单位）名称。

2. 正文

交代活动的名称或内容，如开座谈会、婚礼、联欢晚会、生日宴会等；交代举行活动的时间和地点及其他应知事项。

3. 结尾

如“致以——敬礼”、“敬请参加”、“敬请届时光临”、“敬请光临指导”等敬辞。

4. 落款

署名邀请者（个人、单位）的名称和发出请柬的时间。

（二）写作要求和注意事项

1. 使用专用纸，表示尊敬。

2. 款式设计注意艺术性，美观大方、精致庄重。

3. 根据实际需要选购合适的类别、色彩、图案。

4. 在合适的场合发送。一般来说，举行重大的活动，双方又是作为宾客参加，才发送请柬，发送时间应提前一周。

5. 措辞务必简洁明确、文雅庄重、热情得体。

三、请假条

请假条是请求准假不参加某项工作、学习、活动的文书。

（一）标题

标题应在上方居中书写。

（二）称谓

称谓要另起一行顶格书写。

（三）正文

正文写请假原因，另起一行空两格书写。

（四）请假起止时间

请假起止时间要接正文书写。

（五）祝颂语

（同书信）。

（六）请假人签名

请假人的签名写在祝颂语下方空一至二行的右侧。

（七）请假时间

在请假人签名下一行写日期。

四、留言条

留言条是指找人没找到，又没有时间等候，只能留给对方一个简短而明了的条据。格式：分三部分——称呼、正文、署名和日期。

（一）称呼要顶格写

（二）下一行空两格写正文，简单明了的把要阐述的事情写清楚

（三）署名和日期

五、启事

启事就是有事情要告诉大家的意思。它是有事要向公众说明，或者请求帮助解决，或者希望得到响应的一种诉求性应用文。任何机关单位、团体组织或者个人均可使用。

（一）写作格式

1. 标题

第一行正中简写“启事”二字，另起一行顶格写称呼。另起一行开头空两格写问候语。

2. 正文

再另起一行开头空两格写正文。

3. 落款

署名和日期。写在正文右下方。

（二）写作要求

1. 一事一文

2. 简洁、明白、具体

六、借条

（一）主要内容

包括：债权人姓名、借款金额（本外币）、利息计算、还款时间、违约（延迟偿还）罚金、纠纷处理方式，以及债务人姓名、借款日期等要素。

（二）格式

一般来说只要具备贷款人姓名（最好有身份证号）、借款人姓名（最好有身份证号）、借款金额（币种）、利息计算方法、还款日期、还款延迟的罚金以及发生纠纷时的解决方式等即可。

子模块八　同事交往礼仪

与同事相处的好坏，直接关系到自己的工作、事业的进步与发展。如果同事之间关系融洽、和谐，人们就会心情愉快，有利于工作的顺利开展；反之，若同事关系紧张、经常发生不必要的摩擦，就会阻碍工作的顺利开展。同事交往应有礼有节、真诚相待，互敬、互信、互助、互让，团结协作，共同进步。与异性交往，要自重，不要过于亲密，要保持一定的心理距离和空间距离。

一、必须确定“和为贵”的观念

在中国的处世哲学中，中庸之道被奉为经典之道，中庸之道的精华之处就是以和为贵。

还必须记住一句话“君子之交淡如水”，处理好“远近亲疏”。同事相处，要有宽容的胸怀，一个懂得宽容的人是会赢得他人的理解与好感的。

二、必须学会尊重同事

处理好同事之间的关系，最重要的就是尊重对方

想一想

问题：将军和门卫谁摆架子？
答案：门卫。
因为将军有雄厚的资本，不需要架子作支撑。
要谨记：没有尊重就没有友谊。

三、处理好同事关系，在礼仪方面应注意的几点

（一）相互尊重

（二）物质上的往来应一清二楚

（三）对同事的困难表示关心并帮助解决

（四）不在背后议论同事的隐私

（五）对自己的失误或同事间的误会，应主动道歉说明

子模块九　朋友交往礼仪

想一想　你知道朋友交往中有哪些问题是不能问的吗？

朋友交往的问候语五忌

△一忌　问收入　　△二忌　问职业

△三忌　问健康　　△四忌　问婚姻

△五忌　问经历

朋友，是人交往中非常重要的一种关系，是非常重要的人际交往对象。要想友谊能够良好的长久的发展，把握朋友交往礼仪是非常重要的。

一、倾听朋友的诉说

人际交往中，很重要的一点就是要学会倾听，作为朋友来讲，倾听更是交往的重要环节。能够真诚的、耐心的倾听对方的诉说，并不时地给予安慰，这样才会让朋友觉得是种依靠。

二、在朋友最需要的时候出现

越是在困难的时候，需要人帮助的时候，作为朋友若能够及时出现，并帮助朋友渡过难关，这才是友谊的体现。

三、朋友之间也要说“不”

人在交往的过程中，很多事情是无能为力的或是违背自己主观意愿的，这时应学会说“不”，朋友也应如此。但说“不”的时候要注意讲究方式方法，不要态度生硬，冒冒失失，这样会伤害朋友间的感情。常用的方法：一是耐心劝阻，言明利害关系；二是可据实说明情况，让朋友理解你的难处；三是迂回婉转处置，巧借其他方法帮助完成朋友委托之事。

四、交际往来要有“度”

做任何事情都要把握一个“度”的原则，交朋友也如此。适当的把握好度，给朋友自由的空间，也给自己自由的空间，把握好距离的关系，正确把握友情与爱情的区别与关系，不要单纯追求功利性交往，才会让友谊走得更加长久。

思考和训练

研究生小李毕业6年却换过4家单位，他经常感叹“知音难觅”、“英雄无用武之地”。

他的经历是：

小李刚到第一家单位工作时，公司总经理非常赏识他的才华，不久把他调到身边当助手。随着与总经理接触的增多，小李开始随便起来，经常当着众人的面，与总经理争论，让总经理下不来台。后来，小李提出好的计划时，也常常遭到否决。

小李到第二家单位后，参加一个同事的宴会，事后一直跟别人抱怨宴会的布置如何俗气、食物如何乏味、主人如何怠慢。知情人清楚，宴会并没有如此糟糕，只不过主人无意中疏忽了小李，没有将他安排到主要位置。

小李在第三家单位的时候，负责一个工程项目，设计图纸时，原来和他配合很默契的员工提出修改建议，小李反唇相讥："你懂什么？我开始搞图纸设计的时候，你还穿开裆裤呢？"，事后小李虽然后悔，但也没有勇气去解释道歉。

在第四家单位时，小李去仓库领料，保管员态度不好，发料时又将数字搞错，小李得理不饶人和保管员发生争吵。有个同事暗示他保管员袖子上别了一道黑纱。可是小李仍不罢休，直到领导表示扣保管员当月奖金才了事。

问题：

（1）为什么小李每到一家单位，人际关系总是处理不好？

（2）小李应该从哪些方面加以改正？

资料来源：孙玲. 商务礼仪实务与操作. 北京：对外经济贸易大学出版社，2010.

测一测

测测你的友好相处能力

下面有 8 个问题，各有 a，b，c 3 种答案，请你选择一个与你最相符或最相近的答案（括号里是每个答案的得分数）。

1. 你碰巧知道一个同事的隐私之后，你的做法是：

a. 努力不转告别人（2）

b. 根本没有想到过将它转告别人（3）

c. 很快与别人谈论此事（1）

2. 你遇到困难的时候：

a. 通常尽量自己解决（3）

b. 马上求助于朋友（1）

c. 只求助于最要好的朋友（2）

3. 当你朋友有困难时，你发现：

a. 他们都乐意求助于你（3）

b. 只有好友求你办事（2）

c. 朋友们很少求助于你（1）

4. 你认为作为朋友，应当：

a. 为人可靠，值得信赖（2）

b. 能与自己愉快相处（3）

c. 有钱有势（1）

5. 以下哪种情况最符合于你：

a. 与朋友常在一起闲聊（1）

b. 常能发现朋友的错误（3）

c. 使朋友们很愉快（2）

6. 在与朋友的交往中，你觉得：

a. 对许多朋友感到不耐烦（3）

b. 大多数朋友都与你相处很融洽（2）

c. 必要时迁就一下朋友也是值得的（1）

7. 你的做法更符合以下哪一种情况：

a. 喜欢发现朋友的优点（1）

b. 常坚持自己的看法（2）

c. 从不评论朋友（3）

8. 对于朋友间的交往，你的观点是：

a. 应当保持适当距离（2）

b. 应当适当信赖（3）

c. 应当避免承担责任（1）

计分与评价

将你选择的 8 个问题的答案按括号内的分数累积分得出你的总分值，然后对照下列评价方法。

满分为 24 分，得分越高，意味着与别人友好相处的能力越高，事实上与朋友的人际关系状态也较好。得分越低，表明不太善于与朋友相处，与朋友的人际关系状况也越差，不太受朋友欢迎。

资料来源：刘晖. 实用礼仪训练教程. 北京：电子工业出版社，2008.

模块七

校园礼仪

导学案例

请看下面的镜头

小林和其他几位同学到食堂就餐，小林穿着拖鞋，衣服敞着，把手插在口袋里，迎面走来几位老师，同学们都有礼貌地向老师问好，这时老师们都注视着小林，小林却不以为然。

想一想

老师们为什么都注视着小林？

同学们，在大学这个大家庭中，你是如何与老师、同学相处的？作为一名学生来讲，在不同的场合应注意哪些礼仪要求呢？

学习与训练目标

◇ 了解校园礼仪的基本原则

◇ 掌握校园礼仪中各种礼仪的程序、技巧及要求

◇ 能应用各种校园礼仪规范

学校是一个学习的地方，既严肃又活泼，既庄严又亲切，作为学生除了学习以外我们还要培养多方面的素质。其中人际交往就是一个很重要的方面。学会怎样与人相处，怎样处事待人，是即将迈进社会的大学生必须掌握的事情，也是培养学生良好素质的需要，首先我们要了解一下校园礼仪的基本原则及注意事项。

一、校园礼仪的基本原则

衣冠端正、举止文明、遵守纪律、生活简朴，是对大学生最基本的礼仪要求。

（一）装束自然、朴素

作为一名大学生，要正确地理解美的含义，打扮要自然、朴素。女生在日常学习、

生活中，以不化妆为宜；若有社交娱乐活动，可以适当化淡妆。化妆的时候，应以自然、清淡为主，切忌人工痕迹过重，那样会丧失年轻人自然的美感。

除非运动时间，男生不可以在校内穿背心、短裤和拖鞋，这是极不文明的表现。

（二）举止文明

大学生是民族的希望，是国家的未来，代表积极的、阳光的形象，体现代表先进向上的事物。所以一定要学会尊重他人，做到举止文明得体。

（三）努力学习

学习是学生的首要任务。无论什么时候，都要树立好好学习、勇攀高峰的远大志向，要承担起时代和民众所赋予的责任。

（四）重视沟通

无论在什么时候，都要学会与人交流，加强人际间的沟通，这样才能互相理解、互相支持，才能更健康的成长。

二、校园内常见的不符合礼仪规范的行为

（一）不懂得尊重别人

作为一名学生，应该懂得尊重老师、尊重同学。老师是知识的传播者，学生应尊重老师的劳动成果，认真听课、见面问好。同学间应该以礼相待，不伤害他人自尊心，相互尊重，和睦相处。

（二）穿着打扮不规范

学生的穿着要符合学生身份的礼仪规范，不能过于时尚、另类，也不能邋里邋遢，应做到衣冠端正，干净整洁，要注重自己的仪容仪表。

（三）人际交往有障碍

现在的学生大多是独生子女，容易以自我为中心，在人际关系方面往往表现出交往有困难。比如不喜欢主动和人打招呼，不会与人交流，不会表达内心想法等等。

（四）不了解公共场所的礼仪

很多同学不太注意在公共场合的礼仪规范，如在食堂买饭不排队、上课时间使用手机、在图书馆“高谈阔论”等等，这些行为都是极不对的。在课堂或图书馆等场合应把手机关掉，或调在静音状态。

三、校园礼仪规范

在学校里学习、生活，同学之间朝夕相处，是亲密的伙伴。同学情是大学生活中最宝贵的财富，它具有纯真、浪漫、充满活力的特点。为此，与同学、老师交往应注意遵循有关的礼仪规范，使自己度过一段美好难忘的大学时光。

（一）课堂礼仪

想一想　同学们，如果在课堂上你有急事需离开教室，你会怎么做呢？

遵守课堂纪律是学生最基本的礼仪。

1. 上课礼仪

上课铃响后，学生应安静地坐在教室里恭候老师的到来，老师进课堂宣布上课后，全班学生应起立、行礼，向老师问好，待老师答礼后，方可坐下。起立时，动作不要迟缓，身体站直，不要半站半坐、低头弯腰，坐下时动作要轻，不要使桌椅发出响声。

若有学生进教室迟到，应先喊“报告”，经老师同意后，再进入教室。

2. 听讲礼仪

学生上课时姿态要端正，认真听讲，不吃东西，不随便下位走动，不能接打手机。学生回答老师提问时，应先举手，经老师同意后，起立回答，发言时要落落大方，声音洪亮。学生有急事需出教室，也应先举手，起立报告老师，经老师同意后再出教室。

3. 下课礼仪

下课铃响后，若老师还没有宣布下课，学生应继续安心听课，不可以忙着收拾书本，更不能频频看表或坐立不安摇晃桌椅，这是一种对老师极不尊重的表现。听到老师说“下课”后，全体学生起立齐声道“谢谢老师”，待老师离开后，再自由活动。

（二）宿舍礼仪

宿舍是学生共同的家，是学生共同生活的场所，也是反映学生精神文明和礼仪修养的一个窗口，宿舍成员的关系处理的好坏直接影响同学们的身心健康及学习状况，所以我们一定要格外重视宿舍礼仪。

1. 遵章守纪

模范遵守学生宿舍的管理制度，不做学校禁止的行为。严守律己、爱护公物、爱护公共财产。养成节约用水、随手关水龙头、关灯、关门窗的好习惯。不在墙上乱写、乱画、乱钉；不向窗外、走廊泼水、乱扔果皮杂物；不往水池、便池内倒剩菜剩饭。注意安全隐患，不私拉电线违章用电、不留宿异性外来人员、不参与非法传销活动、不损坏拆装宿舍设备。

2. 干净、整洁、卫生

宿舍作为同学们的家，大家要爱护它。经常打扫，保持室内的整洁、清新、舒适，物品要按规定统一摆放整齐，被褥要折叠美观，同样按要求统一摆放，换洗的衣服要及时清洗。

3. 对人恭敬有礼

宿舍作为大家的生活环境，要注意营造一种和谐融洽的人际关系。同学之间要互相关心、尊重，以礼相待，不可我行我素。语言要优美，举止要高雅，做到对人彬彬有礼、豁达大度。不要说话口无遮拦，粗俗野蛮，应坚持使用文明语言，热情、礼貌待人，不随便在他人床上坐卧，未经允许，不随便挪动翻看别人的物品。

当学校有关人员进入宿舍时，学生应主动起立，问好、让座、热情交谈，当客人告辞时应以礼相送，并说“再见”，回到宿舍后，应轻轻关门。当老师、家长或其他客人来访时，在进入前自己应先向室内的同学打招呼。进门后，自己应主动为同学介绍，室内其他同学应主动向客人问“好”让座。交谈时声音不要过高，时间也不宜过久，如果被访者不在，应尽快帮助寻找，找不到时应让客人留言，事后应及时转告。

4. 互帮互助，有困难及时给予帮助

对有困难和生病的同学要多关心照顾，同学间有了小矛盾要互谅互让，严于律己，宽以待人。尤其是当同学遭受不幸或失败时，决不能嘲笑、冷漠、歧视，而应该热情帮助，互相勉励。

5. 团结

要有集体意识，尊重集体生活的秩序。不只是和自己宿舍的同学关系融洽，也要与其他宿舍的同学搞好关系。同学之间产生意见分歧时，可以心平气和地讲道理，不能用不文明语言辱骂同学，更不能粗暴地动手打架。

（三）餐厅礼仪

学生就餐时间一般相对集中，人数也较多，作为学生不能忽视在餐厅就餐时的礼仪规范。

1. 遵守秩序

按规定时间就餐，互相礼让，不要大声喧哗。排队购买饭菜，正确使用饭卡，不应有加塞的行为，说话有礼貌，尊重工作人员。

2. 礼让他人

多给人方便，就餐时间人多拥挤，这时买饭、端饭、走路、就座要加倍小心，以防碰撞、烫伤其他同学。若不慎发生了摩擦应主动说声“对不起”、“没关系”。

3. 举止得当

餐厅中的座位有限，因此不要抢占座位，就餐人多时，座位紧张，应抓紧时间吃饭，吃完离开座位以方便他人就座进餐。若和师长在一起吃饭，应请老师先入座。坐姿要端正，不能坐桌子，不要踩椅子。异性同学之间在一起就餐时，举止应当文雅得体。

4. 爱护环境

保持就餐环境卫生，不乱扔杂物，不随地吐痰，不吸烟。

5. 就餐文明

节约粮食，不要随便剩饭、剩菜。骨、刺等无法吃的其他东西，不可乱吐，应放到餐盘里。就餐后应主动把餐盘端到回收处。

6. 端正态度

购买的饭菜如遇质量问题时，应找有关工作人员有礼貌地说清楚，态度要端正，以求改进，不可失去理智，大发脾气，粗暴无礼。

（四）图书馆、阅览室的礼仪

图书馆、阅览室是知识的海洋，是广大师生学习的地方，应保持优雅、文明的阅览环境。

1. 衣着

进入图书馆、阅览室要衣着整洁，不要穿背心、拖鞋，应主动出示证件，配合管理员查验。

2. 遵守秩序

办理借还书手续及进馆要按照次序进行，人多时要自觉排队，并遵守相关管理制度。

如：不把食物和饮料带进阅览室 、轻声说话、查阅图书、资料时轻拿轻放、轻翻。不能折叠、涂画书刊，不能在书上圈点、批注，更不能私自剪裁图书资料。如不慎损坏图书、资料，应主动向图书馆工作人员说明情况，并按规定进行赔偿。对开架书刊应逐册取阅，不要同时占有多份，阅后立即放回原处。每次借阅图书不能超过规定的册数，并在规定时间内归还。离开时，应自觉把椅子和书刊放回原处等。

3. 保持肃静

就座时，椅子不要发出声音。不要为他人占座位。走路要轻，阅读时不要发出声音，不要和熟人交谈，更不能喧哗、吃零食、扔废纸，不要在阅览室睡觉。更不可在图书馆、阅览室谈情说爱。

（五）自习室礼仪

1. 保持安静

自习室应该是“无声的课堂”，要保持安静，不要大声喧哗，不要频繁走动，开门、关门、起立、入座时动作要轻，尽量不要发出响声，以免影响其他人学习。

2. 保持卫生

自习室应该是学习的地方，要保持教室卫生，不应该在教室吃零食或做与学习无关的事情。

（六）同学交往礼仪

在学期间，同学们学习、生活都在一起，相互交往比较频繁，但由于性格不同，家庭环境不同等客观因素的原因，在交往的过程中就需注意同学间交往的礼仪。

1. 同学间交往的基本原则

（1）三要。

一要真诚相待、宽以待人。真诚是交往的基础，在交往过程中，要多替别人着想，与人为善。同学之间彼此关心，不搞小团伙、小集体，不做不利同学团结的事。

二要言必信，行必果。做任何事情都要有责任感，答应别人的事情，就要千方百计的完成。

三要尊重他人。彼此互相尊重，友谊方能长久。不管你有什么样的职务，大家都有一个共同的身份——学生，大家之间是平等的，所以一定要互相尊重。男女之间谈吐举止注意分寸，大方而不轻浮。

（2）三忌。

一忌口无遮拦。“良言一句三冬暖，恶语伤人六月寒”，说话时要讲究艺术，不要自以为是，不要随便的评论他人，不要挖苦侮辱别人。

二忌玩笑过度。适当的开玩笑可以拉近彼此之间的距离，活跃气氛，但一定要适度。要看交往对象、时间、场合等因素。

三忌随便发怒。要做有涵养、有修养、有气度的人，所以不要随便生气，那只会让其他人远离你。

2. 异性同学交往的礼仪

在男女交往过程中，既要反对“男女授受不亲”的封建观念，又要注意“男女有别”的基本事实，要平等相处、互相尊重、以礼相待。

（1）言谈举止。男女生交往不要讲粗话，不互相打逗，不对异性评头论足。要讲求仪容仪表，举止大方得体，不做不雅的动作，不轻浮。

（2）交往场合。异性交往，尽量选择公开场合，避免秘密接触。如两人单独交谈时，室内应开着门或半开，切记不可插门或锁门。室外不要到偏僻、隐蔽的地方，避免引起误会。

（3）尊重别人，不伤害别人。在交往过程中，假使有异性向你表示好感，要以恰当的语言或方式表达自己的感想，学会委婉拒绝，请不要伤害别人的自尊心。

3. 同学间交谈礼仪

同学间彼此的沟通和了解离不开交谈，在交谈时应注意哪些礼仪规范呢？

（1）打招呼。同学间见面要主动打招呼，面带微笑，动作文雅。

（2）尊重他人。和同学在交流时要本着平等的原则和态度，诚恳、谦虚，不可盛气凌人。与同学说话，态度要认真、不要东张西望、心不在焉；不要倦怠，打呵欠、频繁地看表；不要轻易打断别人的话，插话或提问要先打招呼；如果同学说话欠妥或说错，要恳切委婉的指出。不伤别人自尊、不揭人之短、不挑拨是非、不说政治上反动的话、不说黄色污秽的话。

（3）幽默风趣。

长镜头

幽默的作用

某天，在某某路公共汽车上人们因为太过拥挤而抱怨不停。即使售票员扯破嗓子地叫着“不要挤”，仍无济于事。忽然，人群中一个小伙子嚷道：“别挤了，再挤我就变成相片啦。”听到这句话，车厢里立刻爆发出一阵欢乐的笑声，人们的烦恼无形中被抛到了九霄云外。此时，幽默起到了调节紧张的人际关系的作用。

资料来源：刘晖. 实用礼仪训练教程. 北京：电子工业出版社，2008.

（4）学会倾听。

“听君一席话，胜读十年书”，这句话侧面的反映了倾听的获益。在日常交往中，人们离不开倾听，倾听是尊重别人的表现，学会倾听，学会做一个忠实的听众，也是一种很重要的交谈能力。倾听别人讲话时，不要东张西望地表现出不耐烦的表情，应适时地以点头或微笑做出反应，不要随便插话。

（七）师生交往礼仪

想一想

良好的师生关系应该怎样去营造？与老师在交往时应该注意哪些礼仪呢？

良好的师生关系是靠师生共同来营造的，离不开师生在交往中的互相谅解和宽容的态度。老师是“人类灵魂的工程师”，是辛勤的“园丁”，作为学生在与老师交往时，首先要尊师敬长、要有礼有节，诚实为本。

1. 主动问候

在校园里与老师相遇，要主动问候，切忌只与自己认识的老师打招呼，那是很失礼的。如果在骑车时遇见老师，应减速下车，与老师打招呼。遇见老师身体不适或负重时，应主动帮忙，不可视而不见。

2. 服从管理

在与老师的交往中，要服从老师的管理，以诚相待，切勿顶撞老师，甚至撒谎、狡辩。

3. 尊重老师

不要在老师面前批评或表扬其他老师。作为学生不能对老师评头论足，甚至给老师起绰号，这是没有教养的体现。

4. 出入老师办公室的礼仪

（1）进入老师办公室要敲门，得到允许时方可进入。

（2）进入老师办公室要注意礼节，要与老师打招呼。

（3）进入老师办公室不要坐在其他老师的座位上。

（4）进入老师办公室不要随意翻阅老师的物品。

（5）不能随便进入老师办公室拿东西，若是替老师到办公室拿东西时，要向在场的老师说明情况，若东西不在明处时，应找其他老师帮忙，不能自己随便动手乱翻。

（6）事情办完，立即离开办公室并礼貌与老师告别。告别一般是先谢后辞，如说“谢谢老师，再见！”

长镜头

尊重老师是做学生的最基本要求

几个低年级的同学，肩并肩有说有笑地走着，前面迎面走来一位老师，他们也不认识，但当这位老师走到这几名同学身边时，其他人都还是说笑，只有一位同学，恭敬的鞠了一躬，说了声“老师好”。老师当然也很高兴的回答了一句“你好”，别的同学都没哼一声。等老师过去了之后。有的人说那个同学有病，不认识的老师还给鞠躬，有的人说他根本是装样子，给别人看的。那个同学没有反驳他们，只是说了一句：尊重老师是做学生的最基本要求。

资料来源：http://bbs1.people.com.cn/postDetail.do?id=113722849

练一练

几个同学一组，通过小品剧的方式，分别扮演老师和学生，综合本模块所讲的师生礼仪进行情境表演，整个小品过程由摄像机摄录下来，最后回放，让学生对自己的表现作出鉴定。

思考和训练

1. 举例说明校园礼仪的重要性。
2. 寻找 5 个大家平时容易违反校园礼仪的行为，并指出正确的做法。
3. 请练习进入老师办公室的礼仪规范。

模块八

专题活动礼仪

导学案例

请看下面的镜头

镜头一

年末，某企业召开总结大会，企业近百名员工全体参加。会上有一项议程是表彰企业做出突出贡献的10名优秀员工，由企业高层领导、董事会成员亲自为其颁发奖状，以此来鼓励员工。到了颁奖时刻，10名代表整齐上台，奖状却没有人送到领导手中，一时冷场，待奖状送上台后，慌乱中发的奖状已全然不能对号入座，10位优秀员工只能重新确认写着自己名字和荣誉的奖状，台下一片哗然。

镜头二

某公司举行新项目开工剪彩仪式，邀请张市长和当地各界名流嘉宾参加，安排他们坐在主席台上。仪式开始时，主持人宣布："请张市长下台剪彩！"却见张市长端坐没动；主持人很奇怪，重复了一遍："请张市长下台剪彩！"张市长还是端坐没动，脸上还露出一些恼怒。主持人又宣布了一遍："请张市长剪彩！"张市长才很不情愿地勉强起来去剪彩。

想一想

镜头一出现颁发奖状混乱的原因是什么？
镜头二中主持人的失礼之处是什么？

学习训练目标

◇ 掌握基本专题活动的基本准备事项
◇ 熟悉基本专题活动的礼仪要求
◇ 了解专题活动的种类和作用
◇ 能运用所学知识，熟练应对基本专题活动

子模块一　一般会议礼仪

这里所指的会议活动是指人们日常所说的“开会”，是以学习、传达、讨论为主的行政型会议、群体型会议，是最常见的一种会议方式。

一、会前准备礼仪

会前准备工作的要求

丝丝入扣，万无一失

会议不论规模大小，要想达到预期的目的，首先在于会议的策划工作做得如何。对会前策划工作要做到万无一失。策划、准备阶段的工作大体有如下几项：

（一）会议的文件准备

1. 拟定会议主题

凡属必须召开的会议，主管部门首要的工作就是在了解、掌握问题的基础上，根据自己正面临的主要问题，来确定会议的主题。所谓会议主题，就是会议的指导思想。会议的内容、任务、形式、议程、期限、出席人员等，只有在会议主题确定之后，才能据此一一确定。在通常情况下，会议的主题可以直接在会议名称上体现。但更重要的是要始终坚持以会议的既定主题来指导会议。

（1）拟定会议通知。

会议通知是会议主办单位发给与会单位和个人的书面通知。通常，它应当提前一定的时间发至与会单位和个人手中，使其心中有数，早做准备。撰写会议通知，要求内容具体明确，格式规范，语言简洁庄重。根据礼仪规范，会议通知主要包括以下几项：一是会议名称，可在标题或正文中交代；二是会议宗旨，即反映会议的主题与内容；三是会议时间，包括报到时间和会议起止时间；四是会议地点，包括报到地点和会场地址；五是出席对象，如若对象可选派，则明确具体入选条件；六是会议要求，常指与会材料、生活用品及开支费用等问题。

（2）起草会议文件。

会议所用的各项文件材料，均应于会前准备好。重要会议的主要文件，应做到与会者人手一份。需要认真准备的会议文件，主要是开幕词、主题报告和闭幕词。

开幕词，是会议的序曲，主要内容：一是正式宣布会议开始；二是阐述会议的目的、任务和意义；三是介绍会议的议程与要求。

主题报告，亦称会议报告。会议类型的不同，其内容容量是有所不同的，但多数是会议主席向全体与会人员所作的中心讲话。一般来说起草报告前，应做必要的调研和讨论。起草报告时，应做到有的放矢，实事求是。行文时要紧扣主题，集中凝练。除学术性的报告，大多数报告不宜做过多、过深的理论阐述。

闭幕词，是对开幕词的呼应，也是整个会议的结束语。主要内容是总结会议成果，提出希望，宣布会议结束。

开幕词、闭幕词的准备，都要紧扣会议主题。若会议规模不大，为削减会议议程也可以不安排开幕词和闭幕词，一切根据需要决定。

小资料

会议通知样式

关于召开××系统办公室主任会议的通知

系统内所属各单位：

为了传达××××会议精神，总结××年度办公室工作，部署下一年度工作任务，兹定于××年×月×日—××年×月×日召开办公室主任会议。有关事宜通知如下：

一、会议时间：××年×月×日　报到
××年×月×日—××年×月×日　会议

二、会议地点：报到地点：××宾馆前厅
会议地点：××宾馆三楼会议室

三、参会人员：系统内各单位办公室主任

四、会议要求：1. 请携带笔记本电脑参会；
2. 会务费 200 元/人；
3. 联系人：××　联系电话：12345678。

××××（发文单位）
××年×月×日

开幕词格式

标题　《×××同志在××××会上的会议开幕词》

时间　（注明会议开幕的年、月、日期）

称谓　同志们：

开头部分　一般开门见山地宣布会议开幕。也可以对会议的规模及与会者的身份等作简要介绍，如"参加这次大会的代表有×××人，其中有来自……"，并对会议的召开及对与会人员表示祝贺。需要说明的是，开头部分即使只有一句话，也要单独列为一个自然段，将其与主体部分分开。

主体部分　一、阐明会议的意义，通过对以往工作情况的概括总结，和对当前形势的分析，说明会议是在什么形势下，为了解决什么问题和达到什么目的召开的；

二、阐明会议的指导思想，提出大会任务，说明会议主要议程和安排；

三、为保证会议顺利举行，向与会者提出会议的要求。

结尾部分　提出会议任务、要求和希望。

结束语　　会议开幕词的结束语要简短、有力，并要有号召性和鼓动性。写法上常以呼告语另起一段，用“预祝大会圆满成功”。

2. 会议的物质准备

现代化的会议离不开各种辅助器材，在召开会议之前，就应该把各种辅助器材准备妥当。

（1）桌椅、名签。桌椅是最基本的设备，可以根据会议的需要摆成圆桌型或报告型，如果参加会议的人数较多，一般应采用报告型，不需要准备座位牌；如果参加会议的人比较少，一般采用圆桌型，并且要制作座位牌，即名签，让与会人员方便就座。

（2）茶水。会议上的茶水饮料最好用矿泉水，因为每个人的口味不一样，有的人喜欢喝茶，有的人喜欢喝饮料，还有的人喜欢喝咖啡，所以如果没有特别的要求，矿泉水是最能让每个人都接受的选择。

（3）签到簿、名册、会议议程。签到簿的作用是帮助了解到会人员的多少，分别是谁，一方面使会议组织者能够查明是否有人缺席，另一方面能够使会议组织者根据签到簿安排下一步的工作，比如就餐、住宿等。印刷名册可以方便会议的举办方和与会人员尽快地掌握各位参加会议的人员的相关资料，加深了解，彼此熟悉。

参加会议人员在进入会场前一般要签到，会议签到是为了及时、准确地统计到会人数，便于安排会议工作。有些会议只有达到一定人数才能召开，否则会议通过的决议无效。因此，会议签到是一项重要的会前工作，它是会中任务的重要内容之一。

（4）黑板、白板、笔。在有的场合，与会人员需要在黑板或者白板上写字或画图，从而说明问题，虽然现在试听设备发展得快，但是传统的表达方式依然受到很多人的喜爱，而且在黑板或白板上表述具有应急性、方便的特点。此外，粉笔、白板笔、板擦等配套的工具也必不可少。

（5）各种视听器材。现代科技的发展带来了投影仪、幻灯机、录像机、激光指示笔或指示棒等视听设备，给人们提供了极大的方便。在召开会议前，必须先检查各种设备是否能正常使用，如果要用幻灯机，则需要提前做好幻灯片。录音机和摄像机能够把会议的过程和内容完整记录下来，有时需要立即把会议的结论或建议打印出来，这时就需要准备一台小型的影印机或打印机。

（6）资料、样品。如果会议属于业务汇报或者产品介绍，那么有关的资料和样品是必不可少的。比如在介绍一种新产品时，单凭口头泛泛而谈是不能给人留下深刻印象的，如果给大家展示一个具体的样品，结合样品一一介绍它的特点和优点，那么给大家留下的印象就会深刻得多。

3. 会议座次安排

认真安排好座次，排列主席台上的座次，我国目前的惯例是：前排高于后排，中央高于两侧，右座高于左座。在一般情况下主席台上就座的人数以少为宜，但是其座次的尊卑则必须合乎礼仪规范。重要的会议，主席台上每位就座者身前的桌子上，应事先放好与会人员姓名的名签。会议主持人或发言人在会上讲话时，可在原座位，也可以行至前方的专用讲话台前。排列听众席的座次有两种方法：一是按指定的区域统一就座，二是自由就座。不分主席台台上、台下的小型会议，其座次安排，也要做到主次分明，合理有序，各得其所，各有其位。

座次安排一般分为以下几种：

（1）圆桌型。以圆形桌或椭圆形桌子布局能使与会者同领导一起围桌而坐，从而消除不平等的感觉。另外，与会者能清楚看到其他人的面容，因而有利于互相交换意见。这种类型适用于人数较少的会议，一般参会人员控制在 20 人以内。座次安排应注意来宾或上级领导，与企业领导及陪同对面而坐，不必拘泥过多的礼节，主要记住以门作为基准点，比较靠里面的位置是比较主要的座位，来宾的最高领导应坐在朝南或朝门的正中位置，企业最高领导与上级领导相对而坐就可以了，如图 8-1 所示。

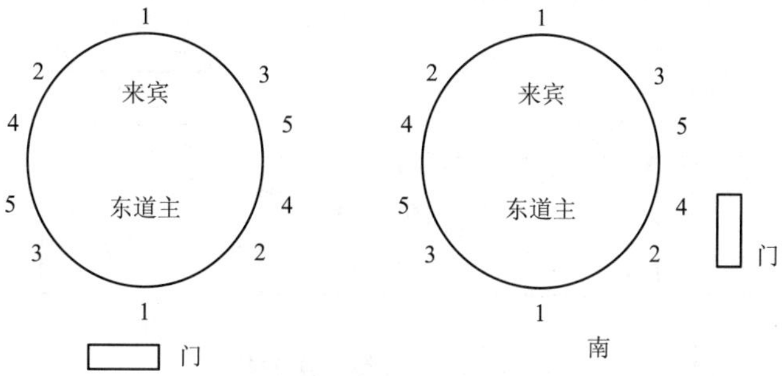

图 8-1　圆桌型座次安排

（2）口字型。即用长型方桌围成一个很大的口字形，这种座次安排比圆桌更适用于人数较多的会议。在方桌会议中，来宾和东道主坐在一起，如座谈会、小型联欢会等。但如果是比较正式的会议，则要特别注意座次的安排，以体现出最高领导者的权威性。如果只有一位领导或是地位有明显的高低之分，那么领导或地位较高者一般坐在这个长方形的短边的这边，或者是比较靠里的位置。就是说，以会议室的门作为基准点，在里侧是主宾的位置。如果是由主、客双方来参加的会议，一般分两侧来就座，客人一方坐在会议桌比较靠里的一边，而主人一方则相对而坐。各种安排如图 8-2 所示。

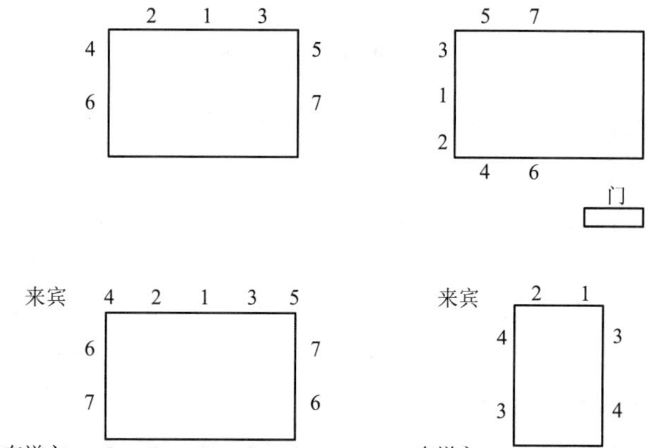

图 8-2　口字型座次安排

（3）教室型。这种类型是大型会议最常见的一种座次安排。它多适用于参会人数比较多，而且相互之间不需要过多讨论、交流意见，以传达信息、下达指示为主要目的的会议。主席台和听众席相对而坐。主席台的座次要按人员的职务、社会地位排列。主席台座位要满位，不可空缺，若原定出席的人因故不能来，要撤掉座位，而不能在台上空着。主席台座位如果有多排，则以第一排为尊贵，第一排的座位又以中间位尊贵。领导面向会场时，左为上、右为下；领导为单数时，主要领导居中，2 号领导在 1 号领导左手位置，3 号领导在 1 号领导右手位置，此次类推；领导为偶数时，1、2 号领导同时居中，1 号领导在中间左侧就座，2 号领导在中间右侧就座，3 号领导依然紧邻 1 号领导就座，以此类推。各种安排如图 8-3 所示。

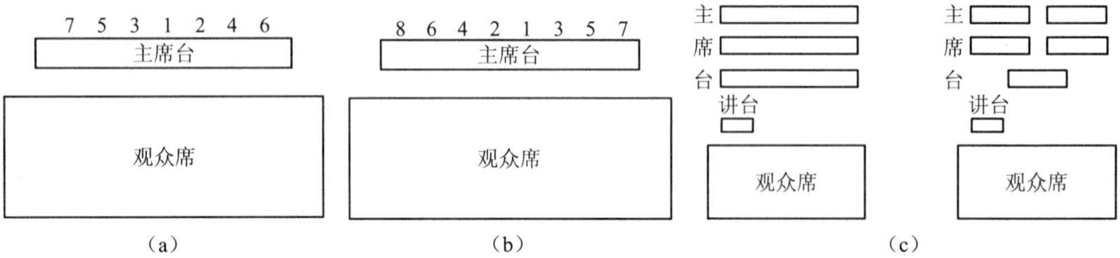

图 8-3 教室型座次安排

（a）主席台人数为奇数时；（b）主席台人数为偶数时；（c）主席台有多排座位时

座次的注意事项

判断左、右的基准是顺着主席台上就座的视线，而不是观众视线。

以上是中国规则，如果是涉外场合则以右为上。因此，在安排涉外会议时，可按照国际惯例使用有关规则。

长镜头

会议座次的重要性

某日，某分公司要举办一次重要会议，请来了总公司的总经理和董事会的部分董事，并邀请了当地政府要员和同行业知名人士出席。由于出席的重要人物较多，领导决定用 U 字形的桌子来布置会议桌。分公司领导坐在位于 U 字横头处的位置，其他参会人员坐在 U 字的两侧。在会议的当天，贵宾们都进入了会场，并按照安排好的名签找到自己的位置就座。当会议正式开始时，坐在横头位置的分公司领导宣布会议开始，这时发现会议气氛有些不对劲，有贵宾相互低语后借口有事站起来要走，分公司领导不知道发生了什么事情或是出了什么差错，非常尴尬。

资料来源：张岩松. 现代交际礼仪. 北京：中国社会科学出版社，2006.

想一想 请指出此案例中的失礼之处？

二、与会人员礼仪要求

与会人员出席会议的礼仪要求

△规范着装　　△严守时间

△维护秩序　　△专心听讲

对于一个会议的参与者，参加会议是展示自我，也是学习、接触领导的好机会，应该注意自己的行为举止。

（一）会议主持人的礼仪

各种会议的主持人，一般由具有一定职位的人来担任，其礼仪表现对会议能否圆满成功有着重要的影响。

主持人的基本要求是口齿清楚、思维敏捷、衣着整洁、大方庄重、精神饱满，切忌不修边幅；走上主席台应步伐稳健有力，行走的速度因会议的性质而定。一般来说，对欢快、热烈的会议步频应较慢；入席后，如果是站立主持，应双腿并拢，腰背挺直。持稿时，右手持稿的底中部，左手五指并拢自然下垂。双手持稿时，应与胸齐高。坐姿主持时，应身体挺直，双臂前伸。两手轻按于桌沿，主持过程中，切忌出现搔头、揉眼等不雅动作。

主持人应根据会议性质调节会议气氛，或庄重，或幽默，或沉稳，或活泼。主持人主持会议期间，对会场上的熟人不能打招呼，更不能寒暄闲谈，会议开始前，可点头，微笑致意。

（二）会议发言人的礼仪

会议发言有正式发言和自由发言两种。前者一般是领导报告，后者一般是讨论发言。正式发言者，应衣冠整齐，走上主席台应步态自然，刚劲有力，体现一种成竹在胸、自信自强的风度与气质。发言时应口齿清晰，讲究逻辑，简明扼要。如果是书面发言，要时常抬头扫视一下会场，不能低头读稿、旁若无人。发言完毕，应对听众的倾听表示谢意。

自由发言则较随意，应要注意，发言应讲究顺序和秩序，不能争抢发言；发言应简短，观点应明确；与他人有分歧，应以理服人，态度平和，听从主持人的指挥，不能只顾自己。

如果有会议参加者对发言人提问，应礼貌作答，对不能回答的问题，应机智而礼貌地说明理由，对提问人的批评和意见应认真听取，即使提问者的批评是错误的，也不应失态。

（三）会议参加者礼仪

会议参加者的个人礼仪。会议参加者应衣着整洁，仪表大方。参加会议应准时或提前进入会场，会议开始后才进入会场是失礼的，进入会场后要服从会议组织人员的安排，讲究礼节，要轻轻寻找座位坐下，不可喧哗。如果与会者在会场内遇到熟识者可点头致意，但不可四处握手招呼。会议进行中，应关掉手机或调成静音状态，更不要随意讲话、走动，特殊情况需提前退场应向有关人员说明情况。

会议参加者应做踏实聆听者。听取他人发言，应专心听讲并做好会议记录，不要私下小声说话或交头接耳，发言人发言结束时应鼓掌致意，中途退场应轻手轻脚，不要影响他人。

长镜头

不和谐的手机声

2000年奥运会，中国运动健儿的出色表现征服了各国观众，但某些中国人的不文明习惯却给他国运动员、记者留下了不好的印象。有媒体报道，中国记者团几乎每个人都配备了移动电话，铃声是非常特别的音乐，在很嘈杂的场所也可以清楚分辨是不是自己的电话。但在射击馆里，当运动员紧张比赛的时候，这种声音就显得特别刺耳。组委会为了保证运动员发挥出最佳水平，在射击馆门前专门竖有明显标志：请勿吸烟，请关闭手机。也不知是中国的一些记者没看见还是根本不在乎，竟没有关机。其实，把手机铃声调到“振动”并不费事。王义夫比赛时，中国记者的手机响了，招来周围人的嘘声和众多不满的目光。有外国人轻轻说“这是中国人的手机！”在陶璐娜决赛射第七发子弹的关键时刻，中国记者的手机又一次响了……。

想一想

不和谐的手机声为什么会引起人们的反感？
对本案例你有何感想？

三、会中服务礼仪

会中服务的要求

井井有条　不疏不漏

会议进行过程中的礼仪更为讲究，会议服务主要要做好以下几项工作。

（一）热情接待与会代表

在代表报到之日，要安排专人做好接待登记工作。必要时，报到期间，要安排专人在车站、码头、机场负责接站。接站的牌子要醒目，与会代表一出站，接站人员要亲切地表示欢迎和慰问。对签到、登记、收费、预订返程票、发放会议材料等项工作，要及时圆满地做好。报到的当日晚上，东道主可安排主要负责人到代表处看望，以增进友谊，联络感情。

与会代表在会议期间的食宿及娱乐活动，也是保证会议顺利进行的一个重要事项。本着方便、丰富、卫生、优雅、安全、热情的原则妥善予以安排，使全体与会者有“宾至如归”的感觉。对于年老体弱者，还须进行重点照料。此外必要时还应为与会者安排一定的文体娱乐活动，如文娱晚会、参观游览等。

（二）会中服务稳重大方

服务人员要注意观察每位与会者，以便及时为其续茶。倒茶动作要轻盈、快捷、规范，杯盖的内口不能接触桌面，手指不能接触杯口边沿，不能发生杯盖碰撞的声音。一般是左手拿开杯盖，右手持壶，将热开水准确倒入杯中，并将杯子放在与会者桌子的右上角。如果操作不慎，将茶水溅到桌面或与会者身上，应不动声色地尽快处理，不能慌慌张张、来回奔跑，更不能惊动其他人，转移与会者的注意力，否则将是极大的工作失误。

会议按拟定的程序进行，应紧凑，不要出现冷场的局面。这就要求每位工作人员都要“严阵以待”，做好各项准备工作。如大会宣布颁发荣誉证书，工作人员应迅速将受奖人排好队，礼仪小姐把领导从主席台上引导出场，另有礼仪小姐将证书一一递上，由领导颁发给受奖者。为使会场上的活动有条不紊，必要时应将有关人员组织起来进行模拟训练，避免会场上出现混乱。

如果与会者有电话或有急事、要事相告，服务人员应走到其身边，轻声相告。如果要通知主席台上的领导，最好用字条传递通知，避免无关人员在台上频繁走动或耳语，分散与会者的注意力。

（三）认真做好会议记录

凡重要会议，不论是全体大会，还是分组讨论，都要进行必要的会议记录。会议记录，是由专人负责记录会议内容的一种书面材料，仅作参考、备查。记录力求详尽，会议名称、时间、地点、人数、主持者、记录人、发言内容、谈论事项、临时动议、决议事项等均应包括在内。

（四）精心编写会议简报

会议简报常分为会议进程简报和会议综合简报两种，都要求达到：内容真实，反映及时，富有新意，文字简洁。举行会期较长的大中型会议，依例应编写会议简报。这是对会议动态、过程以及主要内容的扼要报道。这有助于与会者的信息沟通、经验交流、意见传达等，还能让主办单位及有关领导及时掌握会议的全局，确保会议的健康、顺利进行。

四、会议结束工作

应做好的后续工作

△形成文件　△处理材料　△协助返程

（一）形成文件

这些文件包括会议决议、会议纪要等。一般要求尽快形成，会议一结束就下发或公布。

（二）处理材料

根据工作需要与有关保密制度的规定，应对与会议有关的一切图文、声像材料进行细致的归类、整理，并按照规定与惯例，该汇总的认真汇总，该存档的一律归档。

（三）协助返程

大型会议结束后，其主办单位一般应为外来的与会者提供一切返程的便利。若有必要，应主动为对方联络、提供交通工具，或是替对方订购、确认返程的机票、船票、车票。当与会的特殊人士离开本地时，还可安排专人送行，并帮助其托运行李。

总之，会议结束工作要圆满周到，善始善终。

子模块二　新闻发布会礼仪

新闻发布会又称记者招待会。它是一种公开举行、主动传播各类有关信息、谋求新闻界对某一社会组织或某一活动、事件进行客观、公正地报道的有效沟通方式。它是企事业单位联络、协调与新闻媒体之间相互关系的重要手段。通常情况下，由某一家或几家相互关联的商界单位出面，在特定的时间和地点邀请有关的新闻界人士参加的会议，其目的是为了宣布某一消息、说明某一活动或解释某一事件，以争取新闻界对此进行客观而公正的报道，并尽可能地争取扩大信息的传播范围。简言之，新闻发布会就是以发布新闻为主要内容的会议。

一、会议的筹备

准 备 事 项

△时机的选择　△人员的安排　△记者的邀请
△会场的布置　△材料的准备

（一）时机的选择

在决定召开新闻发布会之前，首先应明确两点：

1. 确定新闻发布会的主题及其价值

举办新闻发布会首先要看有无必要性，即便是有一定的必要性，也要多加论证，讲究少而精。也就是对某一消息要论证其是否具有专门召集记者前来予以报道的新闻价值，要选择恰当的新闻“由头”。

2. 新闻发布会的时机选择

一般来说，一次新闻发布会所使用的全部时间应当限定在两个小时以内，并且要避开节假日、避开本地的重大活动、避开其他单位的发布会、避开与新闻界的宣传报道重点相冲突。

恰当的时机选择是新闻发布会取得成功的保障。

（二）人员的安排

新闻发布会的人员安排关键是要选好主持人和发言人。发布会的主持人应由主办单位的公关部长、办公室主任或秘书长担任。其基本条件是仪表堂堂，年富力强，见多识广，反应灵活，语言流畅，幽默风趣，善于把握大局、引导提问和控制会场，具有丰富的主持会议的经验。

新闻发言人由主办单位主要负责人担任，除了在社会上口碑较好、与新闻界关系较为融洽之外，对其基本要求是修养良好、学识渊博、思维敏捷、能言善辩、彬彬有礼。

发布会还要精选一批负责会议现场工作的礼仪接待人员，一般由相貌端正、工作认真负责、善于交际应酬的年轻女性担任。

（三）记者的邀请

在新闻发布会上，主办方的交流对象以新闻媒体人士为主。在事先考虑邀请新闻界人士时，必须有所选择、有所侧重。一般情况下，要根据问题的性质或涉及的范围来确定出席发布会的记者范围。当宣布某一消息时，尤其是为了扩大影响、提高本企业知名度时，邀请的新闻单位往往是多多益善。而在说明某一活动、解释某一事件时，特别是当本企业因处于劣势而这样做时，邀请新闻单位的范围不宜过于宽泛，且要尽可能地先邀请影响力大、报道公正、口碑良好的新闻单位。此外，还应根据新闻涉及的范围来确定是要邀请全国性新闻单位、地方性新闻单位、行业性新闻单位同时到场，还是只邀请其中的某一部分到场。

另外，确定邀请的记者后，请柬最好要提前一星期发出，会前还应打电话提醒。

（四）会场的布置

新闻发布会的地点除了可考虑在本单位或事件所在地举行外，还可考虑租用大宾馆、大饭店举行，如果希望造成全国性影响的，则可在首都或某一大城市举行。发布会现场应交通便利、条件舒适、大小合适。会议地点确定后，应实地考察，在会议召开前应认真进行会场布置，会议的桌子最好不用长方形的，要用圆形的，大家围成一个圆圈，显得气氛和谐、主宾平等，当然这只适用于小型会议。大型会议应设主席台席位、记者席位、来宾朋友席位等。

（五）材料的准备

在准备新闻发布会时，主办方要事先准备好如下材料：

1. 发言提纲

发言人在新闻发布会上进行正式讲话时的发言提纲。要求紧扣主题，全面、准确、生动、真实。

2. 问答提纲

为了使发言人在现场正式回答问题时能够表现自如，应该事先对可能被问到的问题进行预测，并就此准备好相应的答案，以便心中有数，必要时予以参考。

3. 宣传提纲

为了方便新闻界人士在进行宣传报道时能够抓住重点，可以在事前精心准备好一份以有关数据、图片、资料为主的宣传提纲，并认真打印出来，在发布会上提供给每位新闻记者，上面可以列出本单位的名称、联系方式等以便日后联系、核实之用。

4. 辅助材料

条件允许的话可以在现场准备一些照片、实物、模型、录音、录像、影片、幻灯片、光碟等，以供与会者利用，有时亦可安排与会者进行一些必要的现场参观或展览，增强发布会的效果。应当注意的是，切勿弄虚作假、切勿泄露商业机密。

二、新闻发布会进行中的礼仪

注 意 事 项

△搞好会议签到　　△严格遵守程序
△注意相互配合　　△态度真诚主动

（一）搞好会议签到

要搞好新闻发布会的签到工作，让记者和来宾在事先准备好的签到簿上签下自己的姓名、单位、联系方式等内容。记者及来宾签到后按事先的安排把与会者引到会场就座。

（二）严格遵守程序

要严格遵守会议程序，主持人要充分发挥主持者和组织者的作用，宣布会议的主要内容、提问范围以及会议进行的时间，一般不要超过两小时。主持人、发言人讲话时间不宜过长，过长了则影响记者提问，对记者所提的问题应逐一予以回答，不可与记者发生冲突。会议主持人要始终把握会议主题，维护好会场秩序，主持人和发言人会前不要单独会见记者或提供任何信息。

（三）注意相互配合

在新闻发布会上，主持人和发言人要相互配合。为此首先要明确分工，各司其职，不允许越俎代庖。在发布会进行期间，主持人和发言人通常要保持一致的口径，不允许公开顶牛、相互拆台。当新闻记者提出的某些问题过于尖锐或难于回答时，主持人要想方设法转移话题，不使发言人难堪。而当主持人邀请某位记者提问之后，发言人一般要给予对方适当的回答，不然，对那位新闻记者和主持人都是不礼貌的。

（四）态度要真诚主动

新闻发布会自始至终都要注意对待记者的态度，因为接待记者的质量如何直接关系到新闻媒介发布消息的成败。作为人，记者希望接待人员对其尊重热情，并了解其所在的新闻媒介及其作品等；作为专业人，希望提供工作之便，如一条有发表价值的消息，一个有利于拍到照片的角度等，记者的合理要求要尽量满足。对待记者千万不能趾高气扬，态度傲慢，一定温文尔雅，彬彬有礼。

三、善后事宜

善 后 工 作

△了解新闻界的反应　　△整理保存会议资料
△收集反馈信息，酌情采取补救措施

新闻发布会举行完毕以后，主办单位须在一定时间内对其进行一次认真的评估及善后工作，主要针对以下几个方面的问题进行善后处理。

（一）了解新闻界的反应

新闻发布会结束之后，应对照签名簿核查新闻界人士的到会情况，以此来推断新闻界对本单位的重视程度，以及有多少人为此新闻发布会发表新闻稿。同时，了解一下与会者对此次新闻会的意见或建议，以便找出自己的缺点和不足。

（二）整理保存会议资料

整理保存新闻发布会的有关资料不仅包括会议进行中所使用的一切文件、图表、录音、录像等，还包括新闻媒介对此次会议所进行报道的有关资料，它们可能是有利报道，也可能是不利报道或中性报道。所有这些不仅有助于主办方全面评估发布会的效果，还可为以后举行同类会议提供借鉴，因而有必要认真整理保存。

（三）收集反馈信息，酌情采取补救措施

在听取了与会者的意见、建议，总结整理了新闻媒体对发布会的相关报道之后，对于失误、过错或误导要主动采取一些必要的对策。对于那些不利报道，要分析原因、区别对待；对于批评性报道，主办方要闻过即改、虚心接受；对于失实性报道，则应通过恰当的途径加以解释，消除误解；对于敌视性报道，则应在讲究策略、方法的前提下据理力争，尽量为本单位挽回声誉。

子模块三　签约仪式礼仪

签约仪式是组织与对方经过会谈、协商，形成了某项协议或协定，再互换正式文本的仪式。它是一种比较隆重的活动，礼仪规范也比较严格。

一、签约仪式的准备

签约仪式准备要求

充分准备　万无一失

（一）准备待签文本

在签约仪式之前，应由签约仪式主办方负责准备代签合同的正式文本。需要注意的是，如果签署涉外商务合同时，待签的合同文本应同时使用有关方法定的官方语言，或者使用国际上通行的英文、法文。为了使到场来宾了解签约情况，主办方还应准备一定数量的合同文本的副本。一般情况下，副本不用签字、盖章，只供浏览使用。

（二）布置签约场地

签约厅有常设专用的，也有临时以会议厅、会客厅来代替的。布置时要遵循庄重、整洁、清静的原则。一间标准的签约厅，应当室内铺满地毯，除了必要的签约用桌以外，其他一切的陈设都不需要。正规的签约桌应当为长桌，其上最好铺设深绿色的台布。按照仪式礼仪的规范，签约桌应当横放于室内。在其后，可摆放适量的座椅。签署双边性合同时，可放置两张座椅，供签字人就座。签署多边合同时，可以仅放一张座椅，供各方签字人签字时轮流就座；也可以为每位签字人都各自提供一把座椅。签字人在就座时，一般应当面对正门。如图 8-4 所示。

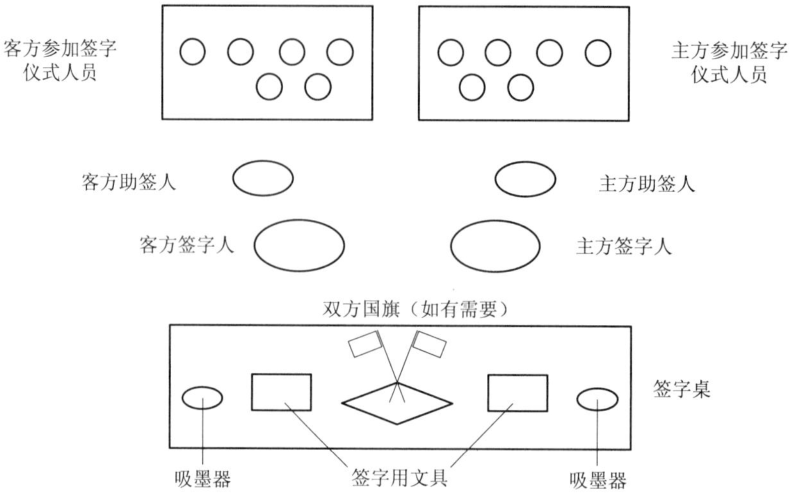

图 8-4　签约场地布置方法

在签约桌上，应事先安放好待签的合同文本以及签字笔、吸墨器等签字时所用的文具。与外商签署涉外商务合同时，还需在签约桌上插放有关各方的国旗。插放国旗的位置与顺序，必须按照礼宾序列而行。例如，签署双边性涉外商务合同时，有关各方的国旗须插放在该方签字人座椅的正前方。

（三）安排签约人员

在举行签约仪式之前，有关各方应预先确定好参加签约仪式的人员，并向有关方面通报。客方尤其要将自己一方出席签约仪式的人数提前给主方，以便主方安排。签字人要视文件的性质来确定，可由最高负责人签，但双方签字人的身份应该对等。参加签字的有关各方事先还要安排一名熟悉签字仪式详细程序的助签人，并商定好签字的有关细节。其他出席签约仪式的陪同人员，基本上是双方参加谈判的全体人员，按一般礼貌做法，人数最好大体相等。为了表示重视，双方也可对等邀请更高一层的领导人出席签约仪式。

由于签约仪式的礼仪性极强，签字人员的穿着也有具体要求。按照规定，签字人、助签人以及随员，在出席签约仪式时，应当穿着具有礼服性质的深色西装套装或西装套裙，并且配以白色衬衫与深色皮鞋。

在签约仪式上露面的礼仪、接待人员，可以穿自己的工作制服，或是旗袍一类的礼仪性服装。签字人员应注意仪态、举止要落落大方，得体自然，既不要严肃有余，也不要过分喜形于色。

长镜头

签 约 仪 式

7 月 15 日是国能电力公司与美国 PALID 公司在多次谈判后达成协议，准备正式签字的日期。国能电力公司负责签字仪式的现场准备工作，国能电力公司将公司总部十楼的大会议室作为签字现场，在会议室摆放了鲜花，长方形签字桌上临时铺设了深绿色的台呢布，摆放了中美两国的国旗，美国国旗放在签字桌左侧，中国国旗放在右侧，签字文本一式两份放在黑色塑料的文件夹内，签字笔、吸墨器分别置放在两边，会议室空调温度控制 20℃，办公室陈主任检查了签字现场，觉得一切已安排妥当，他让办公室张小姐通知国能电力公司董事长、总经理等我方签字人员在会议室等待，自己到楼下准备迎接客商。

上午九点，美方总经理一行乘坐一辆高级轿车，准时驶入国能电力公司总部办公楼，司机熟练地将车平稳地停在楼前，陈主任在门口迎候，他见副驾驶座上是一位女宾，陈主任以娴熟优雅的姿态先为前排女宾打开车门，并做好护顶姿势，同时礼貌地问候对方。紧接着，陈主任迅速走到右后门，准备以同样动作迎接后排客人，不料，前排女宾已经先于他打开了后门，迎接后排男宾，陈主任急忙上前问候，但明显感觉女宾和后排男宾有不悦之色。陈主任一边引导客人进入大厅，走向电梯口，一边告知客人，董事长在会议室等待，电梯到达十楼后，陈主任按住电梯控制开关，请客商先出，自己后出，然后引导客人到会议室，在会议室等待的国能电力公司的签字人员在客人进入会议室时，马上起立鼓掌欢迎，董事长急忙从座位上站起，主动向对方客人握手，不料，美方客人在扫视了会议室后，似乎非常不满，不肯就座，好像是临时改变了主意，不想签约了，问题出在哪里呢？

想一想 国能电力公司安排的这次签约仪式有不妥之处吗？

二、签约仪式的程序

签约仪式是签署合同的高潮，它的时间不长，但程序规范、庄严、隆重而热烈。签约仪式的正式程序共分为四项：

（一）签约仪式正式开始

各国签约仪式的程序大同小异，以我国为例：双方参加签约仪式的人员步入签字厅。签字人入座。双方的助签人员分别站立于签字人员的外侧，协助翻揭文本及指明签字处。其他人员分主方、客方按身份顺序站立于后排，客方人员按身份由高到低从中向右边排，主方人员按身份高低由中向左边排。

（二）签字人正式签署合同文本

通常的做法，是先签署己方保存的合同文本，再接着签署他方保存的合同文本。每个签字人在由己方保留的合同文本上签字时，按惯例应当名列首位。因此，每个签字人均应首先签署己方保存的合同文本，然后再交由他方签字人签字（由助签人交换），其含义是在位次排列上，轮流使有关各方有机会居于首位一次，以显示机会均等，各方平等。

（三）签字人正式交换已签署的合同文本

此时，各方签字人应热烈握手，互致祝贺，并可相互交换各自签字时使用过的签字笔，以示纪念。全场人员应鼓掌，表示祝贺。

（四）饮香槟酒祝贺

交换已签的合同文本后，有关人员，尤其是签字人当场干一杯香槟酒，是国际上通行的用以增添喜庆色彩的做法。

（五）有秩序退场

最后，请双方最高领导者及客方先退场，然后东道主再退场。整个签约仪式以半小时为宜。

子模块四　剪彩仪式礼仪

剪彩仪式，严格地讲，指的是有关单位为了庆贺公司的设立、企业的开工、宾馆的落成、商店的开张、银行的开业、大型建筑物的启用、道路或航线的开通、展销会或博览会的开幕等，而隆重举行的一项礼仪性程序。因其主要活动内容是约请专人使用剪刀剪断被称为“彩”的红色缎带，故被人们称为剪彩。

小资料

剪彩的由来

1912年，在美国的圣安东尼州的华狄密镇上，有家百货商店即将开业。店主威尔斯为了阻止蜂拥而至的顾客在正式营业前闯入店内，以防将用以优惠顾客的便宜货争购一空，便随便找来一条布带子拴在门框上。谁曾料到这项临时性的措施竟然更加激发了挤在店门之外的人们的好奇心，他们更想早一点进入店内，对即将出售的商品先睹为快。

正当店门之外的人们有些迫不及待的时候，店主的小女儿牵着一条小狗突然从店里跑出来，将拴在店门上的布带子碰落在地。人们误以为这是该店为了开张志喜所搞的“新把戏”，于是立即一拥而入，大肆抢购。让店主转怒为喜的是，他的这家小店在开业之日的生意居然红火得令人难以置信。他认为自己的好运气全是由那条被小女儿的小狗碰落在地的布带子所带来的。此后在他的几家“连锁店”陆续开业时，他便将错就错地如法加以炮制。久而久之，剪彩，从一次偶然的“事故”发展为一项重要的活动程序，再进而演化为一项隆重而热烈的仪式的过程，其自身也在不断发展，不断变化。例如，剪彩者先是由专人牵着一条小狗来充当，让小狗故意去碰落店门上所拴着的布带子。接下来，改由儿童担任，让他单独去撞断门上拴着的一条丝线。再后来，剪彩者又变成了妙龄少女，她的标准动作，是当众撞落拴在门口上的大红缎带。到了最后，剪彩则被定型为邀请社会贤达和当地官员，用剪刀剪断礼仪小组手中所持的大红缎带。

资料来源：www.zhidao.baidu.com/question/2082751.html，2007-3-7

从剪彩的发展过程来看，最初只不过是人们用以促销的一种手段，到了后来，它才渐渐演变为商务活动中的一项重要仪式。在一般情况下，在各式各样的开业仪式中，剪彩都是一项极其重要的、不可或缺的程序。尽管它往往也可以被单独地分离出来，独立成项，但在更多时候，它是附属于开业仪式的。这是剪彩仪式的重要特征之一。

具体而言，剪彩一直长盛不衰并仍被业内人士看好，主要是基于如下三方面原因：第一，剪彩活动热热闹闹，轰轰烈烈，既能给主人带来喜悦，又能令人产生吉祥如意之感；第二，剪彩不仅是对主人既往成绩的肯定和庆贺，而且也可以对其进行鞭策与激励，促使其再接再厉，继续进取；第三，剪彩可借自己的活动良机，吸引各界人士的关注。在这三条原因之中，最后一条至关重要。

目前，剪彩仪式上有众多的惯例、规则必须遵守，其具体的程序亦有一定的要求。目前所通行的剪彩仪式主要包括：剪彩的准备、剪彩的人员、剪彩的程序、剪彩的礼仪规范等四方面内容。

一、剪彩的准备

准备要求

认真细致　精益求精

剪彩仪式有大量的准备工作需要做好。其中主要涉及场地的布置、环境的卫生、灯光与音响的准备、媒体的邀请、人员的培训等。除此之外，尤其应对剪彩仪式上所需使用的某些特殊用具进行仔细选择与准备，诸如红色缎带、新剪刀、白色薄纱手套、托盘以及红色地毯。

（一）红色缎带

亦即剪彩仪式之中的“彩”。作为主角，它自然是万众瞩目之处。按照传统做法，它应当由一整匹未曾使用过的红色绸缎，在中间结成数朵花团而成。目前，有些单位为了厉行节约，代之以长度为两米左右的细窄的红色缎带，或者以红布条、红线绳、红纸条作为其变通，也是可行的。一般来说，红色缎带上所结的花团，不仅要生动、硕大、醒目，而且其具体数目往往还同现场剪彩者的人数直接相关。循例，红色缎带上所结的花团的具体数目有两类模式可依。其一，是花团的数目较现场剪彩者的人数多上一个；其二，是花团的数目较现场剪彩者的人数少上一个。前者可使每位剪彩者总是处于两朵花团之间，尤显正式。后者则不同常规，亦有新意。

（二）新剪刀

新剪刀，是专供剪彩者在剪彩仪式上正式剪彩时使用的。它必须是每位现场剪彩者人手一把，而且必须崭新、锋利和顺手。事先，一定要逐把检查将被用以剪彩的剪刀是否已经开刃，好不好使用。务必确保剪彩者在正式剪彩时顺利地一“剪”成功，切勿一再补剪。在剪彩仪式结束后，主办方可将每位剪彩者所使用的剪刀经过包装之后，送给对方以资纪念。

（三）白色薄纱手套

是专门为剪彩者所准备的。在正式的剪彩仪式上，剪彩者剪彩时最好每人戴上一副白色薄纱手套，以示郑重其事。在准备白色薄纱手套时，除了要确保其数量充足外，还须使之大小适度、崭新平整、洁白无瑕。有时，亦可不准备白色薄纱手套。

（四）托盘

托盘在剪彩仪式上由礼仪小姐托在手中，用来盛放红色缎带、剪刀、白色薄纱手套。在剪彩仪式上使用的托盘，最好是崭新洁净的，通常首选银色的不锈钢制品。为了显示正规，可在使用时铺上红色绸布或红色绒布。就其数量而论，在剪彩时，可以一个托盘依次向各位剪彩者提供剪刀和手套，并同时盛放红色缎带；也可以为每一位剪彩者配置一个专为其服务的托盘，同时使红色缎带专由一个托盘盛放。后一种方法显得更加正式一些。

（五）红色地毯

主要用于铺设在剪彩者正式剪彩时的站立之处。其长度可视剪彩者人数的多少而定，其宽度则不应在一米以下。在剪彩现场铺设红色地毯，主要是为了提升其档次，并营造一种喜庆的气氛。有时，亦可不予铺设。

二、剪彩的人员

剪彩人员的构成

△剪彩者　　△助剪者

剪彩仪式上，剪彩人员无疑是最易引起注意的。因此，必须对剪彩人员认真进行选择，并于事先进行必要的培训。除主持人之外，剪彩的人员主要是由剪彩者与助剪者所构成。以下，就分别来简介一下对于他们的主要礼仪要求。

（一）剪彩者

在剪彩仪式上担任剪彩者，是一种很高的荣誉。剪彩仪式档次的高低，往往也同剪彩者的身份密切相关。因此，在选定剪彩的人员时，最重要的是要把剪彩者选好。

剪彩者，即在剪彩仪式上持剪刀剪彩之人。根据惯例，剪彩者可以是一个人，也可以是几个人，但是一般不应多于五人。通常，剪彩者多由上级领导、合作伙伴、社会名流、员工代表或客户代表所担任。

确定剪彩者名单，必须是在剪彩仪式正式举行之前。名单一经确定，即应尽早告知对方，使其有所准备。在一般情况下，确定剪彩者时，必须尊重对方个人的意见，切勿勉强对方。需要由数人同时担任剪彩者时，应分别告知每位剪彩者届时他将与何人同担此任。这样做，是对剪彩者的一种尊重。千万不要“临阵磨枪”，在剪彩开始前方才强拉硬拽，临时找人凑数。

剪彩者是剪彩仪式上的关键人物。剪彩者的仪表和举止，直接影响剪彩仪式的效果。因此，剪彩者应当讲究有关礼仪。必要之时，可在剪彩仪式举行前，将剪彩者集中在一起，告之对方有关的注意事项，并稍事排练。按照常规，剪彩者应着套装、套裙或制服，并将头发梳理整齐。不允许戴帽子，或者戴墨镜，也不允许身着便装。剪彩者穿着要整洁、庄重，精神要饱满，给人以稳健、干练的印象。剪彩者走向剪彩的绸带时，应面带微笑，落落大方。当工作人员用托盘呈上剪彩用的剪刀时，剪彩者应向工作人员点头致意，并向左右两边手持彩带的工作人员微笑致意，然后全神贯注，把彩带一刀剪断。剪彩完毕，放下剪刀，应转身向四周的人鼓掌致意。

（二）剪彩者位次安排

若剪彩者仅为一人，则其剪彩时居中而立即可。若剪彩者不止一人时，则其同时上场剪彩时位次的尊卑就必须予以重视。一般的规矩是：中间高于两侧，右侧高于左侧，距离中间站立者愈远位次便愈低，即主剪者应居于中央的位置。需要说明的是，之所以规定剪彩者的位次“右侧高于左侧”，主要是因为这是一项国际惯例，剪彩仪式理当遵守。其实，若剪彩仪式并无外宾参加时，执行我国“左侧高于右侧”的传统作法，亦无不可。如图 8-5 所示。

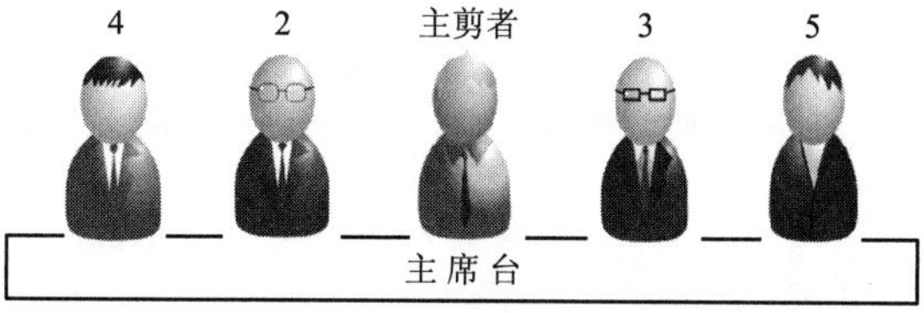

（a）国际惯例

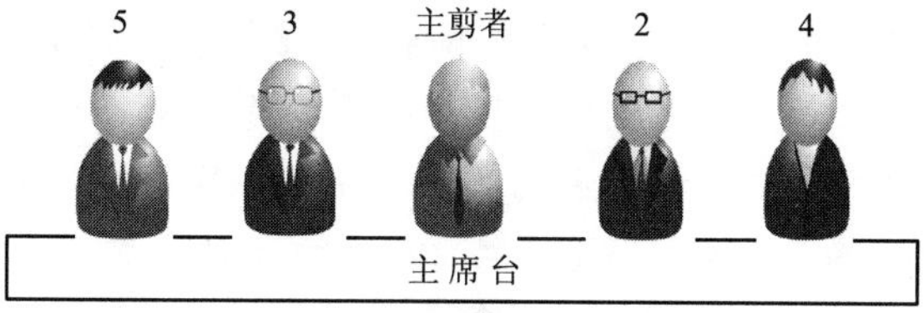

（b）我国惯例

图 8-5　剪彩者位次安排示意

（三）助剪者

助剪者，在此指的是在剪彩者剪彩的一系列过程中从旁为其提供帮助的人员。一般而言，助剪者多由东道主一方的女职员，即通常称呼的礼仪小姐担任。

具体而言，在剪彩仪式上服务的礼仪小姐，又可以分为迎宾者、引导者、服务者、拉彩者、捧花者、托盘者等。迎宾者的任务，是在活动现场负责迎来送往。引导者的任务，是在进行剪彩时负责带领剪彩者登台或退场。服务者的任务，是为来宾尤其是剪彩者提供饮料，安排休息之处。拉彩者的任务，是在剪彩时展开、拉直红色缎带。捧花者的任务，是在剪彩时手托花团。托盘者的任务，则是为剪彩者提供剪刀、手套等剪彩用品。

一般情况下，迎宾者与服务者应不止一人。引导者既可以是一个人，也可以为每位剪彩者各配一名。拉彩者通常应为两个人。捧花者的人数则需要视花团的具体数目而定，一般应为一花一人。托盘者可以为一人，亦可为每位剪彩者各配一人。有时，礼仪小姐可身兼数职。

礼仪小姐的基本条件是：相貌较好、身材窈窕、年轻健康、气质高雅、音色甜美、反应敏捷、机制灵活、善于交际。礼仪小姐的最佳装束应为：化淡妆，盘起头发，穿款式、面料、色彩协调的单色旗袍，配肉色连裤丝袜、黑色高跟制式皮鞋。除戒指、耳环或耳钉外，不宜佩戴其他任何首饰。有时，礼仪小姐穿深色或单色的套裙亦可。但是，她们的穿着打扮必须尽可能地整齐划一。必要时，可从外单位临时聘请礼仪小姐。

三、剪彩仪式的程序

剪彩仪式宜紧凑，忌拖沓，在所耗时间上愈短愈好。

剪彩的程序必须有条不紊。在正常情况下，剪彩仪式应在即将启用的建筑、工程或者展销会、博览会的现场进行。地点一般选在正门外的广场、正门内的大厅等地。在活动现场，可略作装饰。在剪彩之处悬挂写有剪彩仪式具体名称的大型横幅，更是必不可少的。

一般来说，剪彩仪式短则一刻钟即可，长则至多不宜超过半小时。

长镜头

剪彩"剪"出多人中暑

在一个炎炎夏日的上午，由某市政府负责牵头、多方共同投资兴建的大型购物中心，举行了隆重的开业剪彩仪式。当地政府领导、投资方负责人、购物中心全体员工、商户代表，以及当地各大电视台、报社等主流媒体，纷纷出席了此次剪彩仪式。作为活动主办方的购物中心，专门在前广场上搭建了约200平方米的主席台，到场来宾多达千人，现场彩旗飘扬，再加上38℃的高温更显得气氛十分热烈。

剪彩仪式于上午10点准时开始。作为该市今年重点项目之一，市领导和各界人士对此次活动都十分重视。仪式过程中，市领导代表、投资方代表、购物中心负责人、员工代表、商户代表分别发言。在发言过程中，几乎每位都要说上10多分钟，从该市的昨天、今天、明天的对比，到购物中心的规划、筹建、运营；最后甚至有位商户代表在发言时，现场为自己的产品做起了广告。整个发言过程耗时将近两个小时。

中午的日晒加上高温，让到场来宾无不大汗淋漓，有的甚至衣衫湿透。不一会，就有一些来宾因忍受不了酷暑高温而出现胸闷、头晕、恶心等中暑反应，甚至还有不少人当场晕倒。周围的人立刻拨打了120急救电话，急救车来了，来宾也被安排到阴凉处休息，现场一片混乱，剪彩仪式也只能无疾而终。

资料来源：金丽娟. 商务礼仪. 北京：北京大学出版社，2011.

按照惯例，剪彩既可以是开业仪式中的一项具体程序，也可以独立出来，由其自身的一系列程序所组成。独立而行的剪彩仪式，通常应包含如下六项基本的程序：

（一）来宾就位

在剪彩仪式上，通常只为剪彩者、来宾和本单位的负责人安排坐席。在剪彩仪式开始时，即应敬请大家在已排好顺序的座位上就座。在一般情况下，剪彩者应就座于前排。

若超过一人时，则应使之按照剪彩时的具体顺序就座。

（二）宣布开始

在主持人宣布仪式开始后，乐队应演奏音乐，现场可燃放鞭炮，全体到场者应热烈鼓掌。此后，主持人应向全体到场者介绍到场的重要来宾。

（三）奏唱国歌

此刻须全场起立。必要时，亦可随之演奏本单位标志性歌曲。

（四）宾主发言

发言者依次应为东道主单位的代表、上级主管部门的代表、地方政府的代表、合作单位的代表等。发言的内容应言简意赅，每人不超过三分钟，内容应包括介绍、道谢与致贺。

（五）进行剪彩

此刻，全体应热烈鼓掌，必要时还可奏乐或燃放鞭炮。在剪彩前，须向全体到场者介绍剪彩者。

（六）进行参观

剪彩之后，主人应陪同来宾参观被剪彩之物。仪式至此宣告结束。随后东道主单位可向来宾赠送纪念性礼品，并以自助餐款待全体来宾。

四、剪彩的礼仪规范

进行正式剪彩时，剪彩者与助剪者的具体操作必须合乎规范，否则就会使现场效果大受影响。

（一）助剪者的礼仪规范

当主持人宣布剪彩开始之后，礼仪小姐即应率先登场。在上场时，礼仪小姐应排成一行行进。从两侧同时登台，或是从右侧登台均可，登台之后，拉彩者与捧花者应当站成一行。拉彩者宜处于两端拉直红色缎带，捧花者则应各自双手捧一朵花团。托盘者应当站立在拉彩者与捧花者身后一米左右之处，并且自成一行。

（二）剪彩者的礼仪规范

在剪彩者登台时，引导者应在其左前方进行引导，使之各就各位。剪彩者登台时，宜从右侧出场。当剪彩者均已到达既定位置之后，托盘者应前行一步。到达前者的右后侧，以便为其递上剪刀、手套。

剪彩者若不止一人，则其登台时亦应列成一行，并且使主剪者行进在前。在主持人向全体到场者介绍剪彩者时，后者应面含微笑向大家欠身或点头致意。

剪彩者行至既定位置之后，应向拉彩者、捧花者含笑致意。当托盘者递上剪刀、手套，亦应微笑着向对方道谢。

在正式剪彩前，剪彩者应首先向拉彩者、捧花者示意，待其有所准备后，集中精力，右手手持剪刀，表情庄重地将红色缎带一刀剪断。若多名剪彩者同时剪彩时其他剪彩者应注意主剪者动作，与其主动协调一致，力争大家同时将红色缎带剪断。

按照惯例，剪彩以后，红色花团应准确无误地落入托盘者手中的托盘里，而切勿使之坠地。为此，需要捧花者与托盘者的合作。剪彩者在剪彩成功后，可以右手举起剪刀，面向全体到场者致意。然后放下剪刀、手套于托盘之内，举手鼓掌。接下来，可依次与主人握手道喜，并列队在引导者的引导下退场。退场时，一般宜从右侧下场，引导者应行进于剪彩者左前方。

（三）剪彩退场的礼仪规范

待剪彩者退场后，其他礼仪小姐方可列队由右侧退场。不论剪彩者还是助剪者，在上下场时都要注意井然有序、步履稳健、神态自然。在剪彩过程中，更是要表现得不卑不亢、落落大方。

思考与训练

一、实训练习

1. 模拟签约仪式

将学生按每组4～6人分组。每组模拟签约仪式，现场演示下来。要求编制一份签约仪式程序，按照程序进行；可由学生排出双方签字代表，并分别扮演相关角色。学生进行相互评价，教师最后总结点评操作中的共性、个性问题。

2. 模拟剪彩仪式

将学生按每组4～6人分组。每组模拟剪彩仪式，现场演示一下。要求编制一份剪彩程序，准备剪彩物品、制作剪彩气氛，按照程序进行；可由学生自己拟定重要领导和来宾名单并分别扮演相关角色。剪彩仪式结束后，学生进行相互评价，教师最后总结点评操作中的共性、个性问题。

二、简答题

1. 常见的会议座次安排方法有哪些？

2. 在新闻发布会结束后，还有哪些工作要做？

3. 签约仪式现场应该怎样布置？

4. 剪彩仪式的程序是什么？

三、案例分析

小刘的公司应邀参加一个研讨会，该研讨会邀请了很多商界知名人士以及新闻界人士参加。老总特别安排小刘和他一道去参加，同时也让小刘见识大场面。

开会这天小刘早上睡过了头，等他赶到，会议已经进行了20分钟。他急急忙忙推开了会议室的门，“吱”的一声脆响，他一下子成了会场上的焦点。刚坐下不到5分钟，肃静的会场上响起了摇篮曲，是谁放的音乐？原来是小刘的手机响了！这下子，小刘可成了全会场的“明星”……

没多久，听说小刘离开了该公司。

思考：小刘失礼的地方表现在哪里？

参加各种会议应该注意哪些礼仪？

模块九

餐饮礼仪

导学案例

组织宴会

2010新年在即，北京和平饭店要举行一场宴会，以此增进与新老客户的友谊。公关部是这次活动的具体组织者，拟定于12月20日在本酒店的行政楼层的贵宾俱乐部进行。受邀参加宴会的都是北京和平饭店的重要客户和有关行政单位的负责人。

想一想 假设你是公关部经理，你将如何策划并成功举办这场宴会？

学习与训练目标

◇ 掌握宴请礼仪、赴宴礼仪、中西餐礼仪的主要内容

◇ 熟悉各种餐饮礼仪中的席位座次排序、上菜顺序及进餐礼仪

◇ 能够在实际生活中自觉遵守各种餐饮礼仪规范

餐饮礼仪，是指以酒水、饮料、食物款待他人时，以及自己在餐饮活动中，应该认真遵循的礼仪规范。英格丽说：“餐桌上的举止是对一个人的礼仪和修养的最好考验。你的事业可能会在餐桌上发展起来，也有可能在餐桌上跌落下去”。可见，在参加餐饮活动时，表现出良好的礼仪不仅仅是个人的事情，也关系到组织的形象。

子模块一 宴请礼仪

什么是宴请

宴请是为了表示欢迎、祝贺、答谢、喜庆等而举行的一种隆重的、正式的餐饮活动，是人们沟通和交流感情的良好方式，是国际交往中最常见的交际活动形式之一。

一、通用的宴请形式

根据宴请活动的目的、性质及邀请对象等各种因素，宴请形式一般分为宴会、招待会、茶会和工作进餐四种。

（一）宴会

宴会是最为隆重的宴请形式，按规格可分为国宴、正式宴会、便宴和家宴。

1. 国宴

国宴是在外交场合由国家元首、政府首脑出面，宴请别的国家的国家元首、政府首脑的宴会，是规格最高、最隆重的一种宴会形式。举行国宴时，宴会厅里要悬挂国旗、演奏国歌和席间乐，主、宾双方均有致辞、祝酒。国宴的规格高、参加者的身份、地位高，要求参加国宴必须着正装，按规定的座次安排入座。

2. 正式宴会

正式宴会的规格和标准都低于国宴，通常是政府等有关部门为欢迎应邀来访的嘉宾而举行的宴会。除了不挂国旗、不奏国歌及出席者的规格不同外，其他的安排和程序大体与国宴相同。宾主双方均按身份排位就座，有时也会安排乐队进行席间演奏。

正式宴会要注意以下三个“正式”：

其一，人员要确定。正式宴会的人员是有限制的。不仅有多少人到场有限制，而且哪张桌子上面坐谁及其具体的位次都有讲究，都不能乱来。哪一张是主桌，谁上主桌，主桌里面谁是主人，谁是主陪，都有讲究。

其二，菜单要确定。应该提前制定一份菜单，而且还要把菜单书写出来，最好在餐桌上人手一份。这样做有两个好处：一是表示郑重其事，二是让大家心知肚明。

其三，时间要确定。一般情况下，正式宴会往往是晚宴，仅有个别情况下是午宴或早宴，因为晚宴相对而言大家在时间上自由度大，故此可以比较放松。

3. 便宴

便宴是一种非正式宴会，用于日常交往，相对就比较随便了，一般规模小、简便、灵活，没有严格的礼仪程序，可以不排席位，不做正式讲话和致辞，有时还可采取自助餐形式。

4. 家宴

家宴，顾名思义，就是把客人请到家里来吃饭。家宴重在参与，强调气氛的温馨和随和，它意在营造一种融洽的气氛，往往加强宾主双方进一步密切的关系。一般由主妇亲自下厨家人共同招待。

（二）招待会

招待会是一种灵活简便、经济实惠的宴请形式。不排席位，宾主活动不拘形式，规模可大可小。一般分为冷餐会和酒会两种形式。

1. 冷餐会

冷餐会又名自助餐宴会，是现在，尤其是在西方比较流行的一种方便灵活的宴会形式。冷菜、酒水、点心、水果以及餐具分别摆在菜台上，客人可以根据自己的喜好自由取食。

2. 酒会

酒会又称为鸡尾酒会，规模不限，形式较自由、轻松、灵活，以酒水招待为主，略备小吃。一般不设座位，宾客可随意走动，与人交流。

（三）茶会

茶会是一种更为简便的招待形式，招待品以茶为主，也可选择咖啡。举行时间一般在上午 10 点、下午 4 点左右，形式比较自由、轻松，可备点风味小吃和点心。入座时，要有意识地将主宾与主人安排在一起，其他人可随意就座。

（四）工作进餐

工作进餐是现代商务交往中常用的一种非正式宴请形式，一般是利用进餐时间边吃边谈，既省时又简便，纯属工作性质，所以一般只请与工作相关的人员参加，不请配偶及其他与工作无关的人员参加。

二、宴请的组织

为了能使宴请顺利圆满的举办，达到预想的效果，就必须事先做好充分的准备工作。

（一）宴请准备

根据宴请的目的、对象、规格、形式等方面，切实的把准备方案做好，包括确定宴请的时间、地点以及菜单和席次的确定。

在确定宴请对象的时候，被邀请人的姓名、身份、职务、称呼以及是否有配偶等信息一定要核实准确。

另外，在时间的确定方面，首先要考虑到宾主双方都合适，尤其要注意照顾来宾的时间。不要选择对方的重大节日、假日及对方禁忌的日子。

确定宴请的菜单时要考虑主宾的爱好与禁忌，不能以主人的爱好为主。还要考虑到客人的民族习惯以及信仰。注意荤素搭配、营养均衡。

（二）邀请方式

邀请有正式和非正式之分。正式的宴会为了体现郑重，一般以书面的形式进行，一般提前一周发出请柬。在请柬上，要把宴请的目的、形式、时间、地点及被邀请人的姓名、职务写清楚。非正式宴会的邀请，一般以口头的形式进行，如口头邀请、电话邀请等。

需要安排座次的宴请必须在请柬上注明要求被邀请人答复能否出席。当发出邀请并得到对方确认后，在活动进行的前两天还应通过电话向受邀请者进行提醒和确认，以免临时出现变故。

（三）布置现场

宴会现场的布置由宴会的性质决定，环境和气氛是否符合宴会的规格，对宴会能否成功举办都有重要的影响。所以现场的布置一定要与宴会的规格和性质相吻合，符合规范。

三、赴宴礼仪

既然宴会是比较隆重的场合，那么对出席者的礼节要求也是非常规范的，尤其是掌握席间礼节能使出席者的仪态和风度给他人留下良好的印象。

（一）应邀和出席

接到宴会邀请后，一定要尽早答复对方能否出席，以便主人合理安排事宜。

出席宴会前，要核实宴请的主人、层次、时间、地点以及是否邀请配偶和对服装的要求。

出席时，要仪表整洁，穿戴大方得体。遵守时间，准时赴宴，我国一般是正点或提前五分钟到达。如果与主人关系比较密切，则可以早点到达以帮助主人做准备或招待宾客。

（二）赠送礼物

如果参加家宴，被邀请人则应根据实际情况准备礼物，最常见的是向女主人赠送鲜花。有的主人也会为出席者备一份小礼物，在宴会结束时，主人会请客人带上。遇到这种情况，客人应对礼品表示赞扬，但不需要郑重感谢。需要注意的是，除了主人特别示意可作为纪念品的东西外，其他各种招待品请不要拿走。有些外国客人，往往会把宴会菜单作为纪念品拿走，还会请同席者在菜单上签名留念。

（三）入席与进餐

入席排位时，客人应听从主人的安排。进入宴会厅之前，先了解自己的桌次与位次，入座时要注意座位卡是否写着自己的名字，不要随意乱坐。如果邻座是年长者或女士，应主动先帮她们拉椅让座。入座后，坐姿要端正，主人招呼，就可以进餐了。

进餐过程中，要讲究餐桌礼仪。有人这样总结过餐桌上的礼仪：取菜文雅，注意礼让；文明用筷，举箸得当；闭嘴细嚼，不发声响；嚼食不语，唇不留痕；骨与秽物，切莫乱扔；禁烟少酒，文明用餐；使用公筷，讲究卫生；席间交谈，增进感情。

宴会过程中，如果感到闷热，也不能当众解开纽扣或脱下衣服，这是非常不雅观的。除非主人同意，男宾可脱下外衣搭在椅背上。

（四）交谈与祝酒

宴会是重要的社交场合，所以不要只顾埋头吃喝，要主动与邻座的人交谈。要注意言谈有度，举止有方，切忌一边咀嚼食物一边与人交谈，更不要在别人说话的时候插话。

参加宴会时，要注意祝酒的方式，注意不要交叉碰杯，也不要将手伸得太长去和别人碰杯。主人和主宾致辞、祝酒时，应停止进餐和交谈，注意倾听。主人和主宾到自己所在的桌子敬酒时，应立刻起立举杯。碰杯时，目光应注视对方，并送上祝福的话语。切忌喝酒过量，不能喝酒时可以声明，但不要随意拒绝，即使不会喝也可沾几滴以表敬意。

（五）致谢

宴会结束时，客人需对主人表示感谢，千万不能吃完就走，那是很不礼貌的。有时，在出席私人宴请活动之后，往往致以便函表示感谢。

总之，我们应多了解并遵守、应用宴会礼仪，这样可以提升我们的品味和形象，扩大交际范围，有利于人际关系的交往。

三、宴会的桌席排列礼仪

在宴请活动中，桌次与席位的排列是一个不可忽视的问题，而且中式宴会和西式宴会的桌席排列也是不同的，都有其特定的礼仪规范。恰当的桌次与座次安排关系到主客双方的身份和对客人的尊重程度，所以要慎重。

（一）中式宴会的桌次排列礼仪

中式宴会往往采用圆桌布置。不同的宴请规格，桌次的安排也会有所变化，要以具体情况而定。通常分为由两张桌子组成的小型宴会和由三张或三桌以上桌子组成的大型宴会。

1. 横排

若两桌横排，以面对正门的位置为准，桌次以右为尊。

2. 竖排

若两桌竖排，以面对正门的位置为准，桌次以远为上，以近为下。如图 9-1 所示。

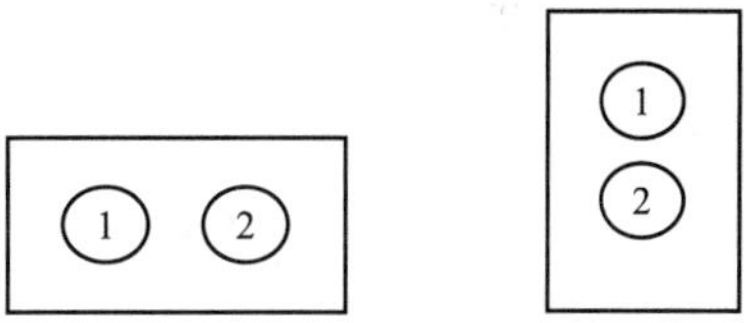

图 9-1　两桌桌次排列

3. 三桌或三桌以上排列

三桌或三桌以上的排列，一般遵循“面门而定、确定主桌，右尊左卑，离主桌越近桌次越高，反之则桌次越低”的原则。如图 9-2 所示。

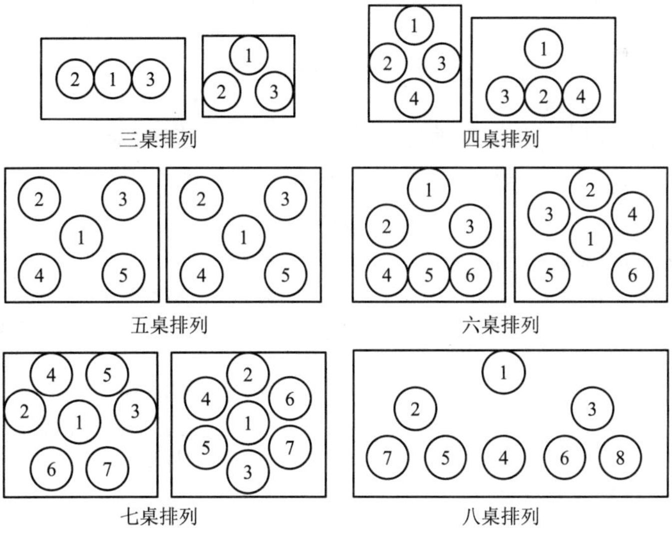

图 9-2　三桌及以上桌次排列

为了确保在宴请时赴宴者及时、准确地找到自己所在桌次，还可采用以下四种辅助方式：

（1）在请柬之上注明对方所在桌次。

（2）在宴会厅入口悬挂宴会桌次排列示意图。

（3）安排专门人员引导来宾寻桌就座。

（4）在每张餐桌上摆放桌次牌。

（二）中式宴会的席位排列礼仪

总的原则

面门居中为主位，主人右侧为主宾，右高左低，偶数为佳。

中式宴会座次安排一般有两种情况。

1. 每张桌上有一位主人

面门居中的主人，其右手位是主宾，左手位是第二主宾，替他人按顺序以此类推。（如图 3-4）

2. 每张桌上有两位主人

主人夫妇坐在同一张桌子上，那么男主人为第一主人，女主人为第二主人。面门居中的为男主人，其右手位是主宾，靠门居中的为女主人，其右手位是第二主宾，替他人按顺序以此类推。如图 9-3 所示。

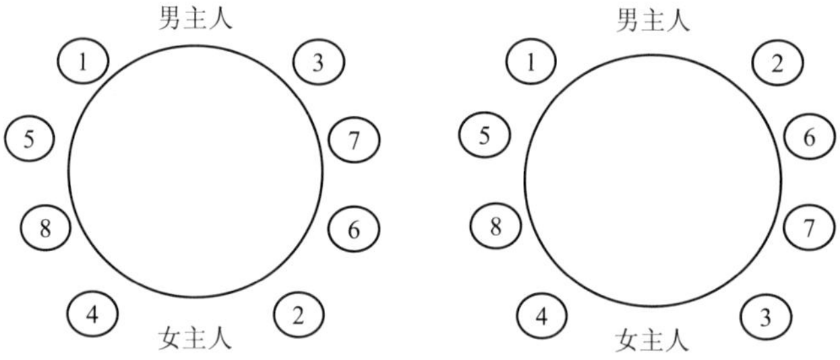

图 9-3　中式宴会座次安排

在现实生活中，有时也会根据具体的情况灵活安排。比如来宾中有身份高于主人者，则可以将其安排在主人位，以表示对他的尊重和重视，主人则坐在主宾的位置上，第二主人坐在主位的左侧。

（三）西式宴会的桌次排列礼仪

西式宴会的餐桌一般有圆桌、方桌、长桌，或由其拼成各种图案的桌型。其中，最常见、最为正规的西餐桌当属长桌。西餐一般不涉及桌次排列问题。如果举行大型宴会，超过两桌时，原则是“主桌定位”，即距离主桌越近，桌次越高；距离主桌越远，桌次越低。如图 9-4 所示。

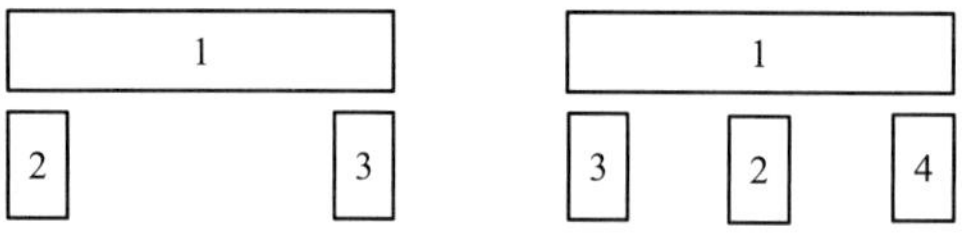

图 9-4　西式宴会桌次排列

（四）西式宴会的席位排列礼仪

排列规则：

1. 女士优先

在西餐礼仪中，女士处处备受尊重。如主位请女主人就座，男主人退居第二主位。

2. 恭敬主宾

男、女主宾分别紧靠女主人、男主人就座。

3. 以右为尊

男主宾位于女主人右侧，女主宾位于男主人右侧。

4. 距离定位

尊卑以距离主位的远近而定。

5. 面门为上

迎门为上。

6. 交叉排列

正式一些的西餐宴会，一向被视为交际场合。所以，在排列座次时，要遵守交叉排列的原则。按照这一原则，男女交叉排列 ，生人与熟人交叉排列。一个用餐者的对面和两侧往往是异性，而且还可能与其不熟悉。这样做，最大的好处，是可以广交朋友，这也要求用餐者最好是双数，并且男女人数各半。

排列方法：

（1）长桌

① 男女主人在长桌中央对面而坐，如图 9-5 所示。

② 男女主人分别就座于长桌两端，如图 9-6 所示。

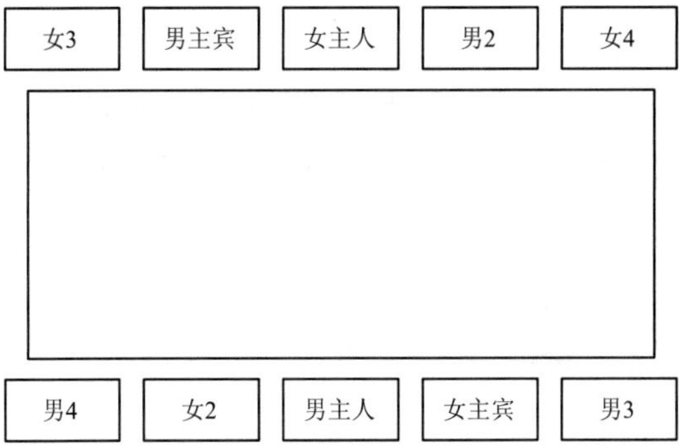

图 9-5 中央对坐的座次安排

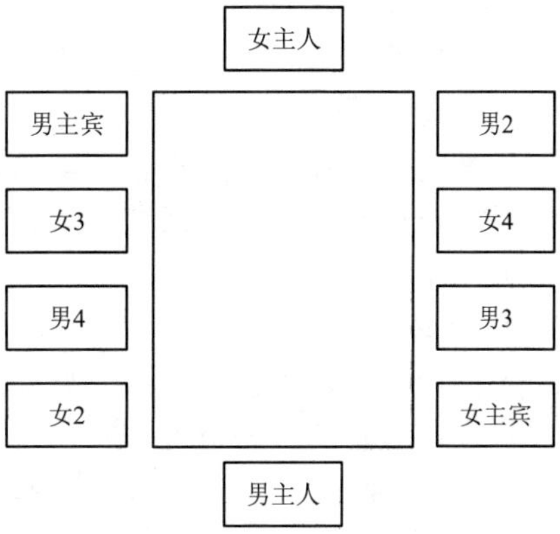

图 9-6 两端对坐的座次安排

（2）圆桌。在西餐里，使用圆桌排位的情况并不多见。

（3）方桌。使用方桌时，就位于餐桌四面的人数应相等。一般一桌共坐 8 人，每侧各坐 2 人。进行排列时，应使男女主人与男女主宾对面而坐，所有人均应各自与各自的配偶坐成斜对角。

子模块二 中 餐 礼 仪

一、点餐

中国菜品繁多，点餐时讲究色香味俱全，荤素搭配合理，同时还要注意客人的口味与禁忌。

（一）宜选的菜肴

1. 具有中餐特色的菜肴

在宴请外宾的时候，则更要高度重视。比如，中餐里的龙须面、煮元宵、炸春卷、蒸饺子、狮子头、宫爆鸡丁等，并不是佳肴美味，但因为具有鲜明的中国特色，所以受到很多外国宾客的推崇。

2. 本地特色的菜肴

比如西安的羊肉泡馍，北京的涮羊肉，上海的红烧狮子头，湖南的毛家红烧肉，在那里宴请外地客人时，上这些特色菜，恐怕要比千篇一律的生猛海鲜更为尊贵。

3. 本酒店的看家菜

很多酒店，都有自己的特色菜。上一份本酒店的特色菜，更能说明主人的细心和对被请者的尊重。

4. 主人的拿手菜

举办家宴时，主人一定要当众露上一手，多做几个自己的拿手菜。其实，所谓的拿手菜不一定十全十美，只要主人动手为来客烧菜，单凭这一条，就会让对方感觉到你的尊重和友好。

（二）忌选的菜肴

在安排菜单时，还必须重视来宾的饮食禁忌。

1. 宗教禁忌

宗教的饮食禁忌，一点也不能疏忽大意。例如，国内的佛教徒不吃荤腥食品，不仅指的是不吃肉食，而且包括葱、蒜、韭菜、芥末等气味刺鼻的食物。穆斯林通常不吃猪肉，并且不喝酒。

2. 地方禁忌

不同的地区，人们的饮食偏好往往不同。对于这一点，在安排菜单时，也要兼顾。比如，湖南省份的人普遍喜欢吃辛辣食物，少吃甜食。英美国家的人通常不吃宠物、稀有动物、动物内脏、动物的头部和脚爪。

3. 职业禁忌

有些职业，出于某种原因，在餐饮方面往往也有各自不同的特殊禁忌。例如，国家公务员在执行公务时不准吃请，在公务宴请时不准大吃大喝，不准超过国家规定的标准用餐，不准喝烈性酒。驾驶员在工作期间，不得饮酒等。

4. 个人禁忌

如：有些人不吃香菜、辣椒、姜等。出于健康的原因，对于某些食品，也有所禁忌。比如，心脏病、脑血管、脉硬化、高血压和中风后遗症的人，不适合吃狗肉，肝炎病人忌吃羊肉和甲鱼，胃肠炎、胃溃疡等消化系统疾病的人也不合适吃甲鱼，高血压、高胆固醇患者，要少喝鸡汤等。

长镜头

受冷落的宴席

刘伟是山东某企业公关部的经理，近日公司要跟美国某知名公司进行合作洽谈，于是招待美方客人一行的重要任务就落在了公关部。在制作欢迎客人的宴会菜单时，大家颇费一番脑筋。想到山东是四大菜系——鲁菜的故乡，于是大家商量之后，决定将宴请安排在本地最知名的鲁菜馆，而且告诉行政总厨将他们本店最擅长的鲁菜拿来招待客人。宴席上，丰盛的菜肴摆满了餐桌，什么九转大肠、醉凤爪、整只的扒鸡等，刘伟等满以为客人会吃得很尽兴，没想到有些菜客人连碰都不碰，其中有的客人还微皱眉头。刘伟不明白问题出在哪里？

资料来源：孙玲. 商务礼仪实务与操作. 北京：对外经济贸易大学出版社，2010.

想一想

你能帮刘伟分析一下餐桌上客人的奇怪表现吗？在筹备宴请时，我们该注意哪些问题？

二、上菜

（一）上菜次序

中餐习惯先上菜，一般顺序是：先上冷盘、饮料及酒，后上热菜，再上主食，最后上甜点和水果。规格较高的宴会，热菜中的主菜应先上最贵的热菜。

（二）上菜方式

根据餐具的使用可划分为以下几种：

1. 分餐式

分餐式的最大优点：讲究用餐卫生，体现了用餐公平。此种形式多见于正式宴会，同时也是西餐的常用形式。

2. 公筷式

公筷式体现了中餐传统用餐方式的和睦、热烈的气氛，又兼顾了现代人注意个人卫生的要求。

3. 自助式

自助式是指不排席位、不安排统一的菜单，食品全部陈列，自由选择。其优点：节省费用，礼仪讲究不多，宾主两厢方便，用餐者在用餐时完全可以悉听尊便。

4. 混餐式

混餐式的主要缺点是不够卫生。但是目前我国最常见的一种就餐形式。

三、餐具及使用礼仪

图 9-7 中餐餐具

（一）主餐具（指进餐时主要使用的，必不可少的餐具。）

1. 筷子

图 9-8 筷子应放在筷架上

图 9-9 使用筷子的正确姿势

（1）不“品尝”筷子（“舔筷”）。

（2）不“跨放”筷子。筷子应放在筷架上，或者支放在自己所用的碗碟边缘；不放在餐桌上，不横放在碗、盘上。掉到地上的筷子不可再用，可请服务员再换一双。

（3）不“插放”筷子。根据民俗，只有祭祀祖先时才可以插放筷子在食物中。另外，也不要把筷子当叉子，去以其叉取食物。

（4）不“舞动”筷子。与人交谈时，应暂时放下筷子。切不可以其敲击碗、盘，指点对方，或是拿着它停在半空中，好像迫不及待地去夹菜。

（5）不“滥用”筷子。不以筷子代劳他事，如剔牙、挠痒、梳头等，或是夹取菜肴、食物之外的东西。

（6）不可“游筷”。在用餐过程中，举起筷子，但不知道吃哪道菜好，这时应避免将筷子在各个菜碟或空中来回移动。

（7）不可“翻筷”。夹菜时，不要用筷子在盘中翻动。

（8）不可“抖筷”。夹菜时，不要夹住菜后在盘子上方抖动几下再放到自己的碗里。

（9）不可“碰筷”。别的宾客也夹菜时，要注意避让，以免“筷子打架”。

长镜头

掉在地上的筷子

某餐馆一个客人在用餐的时候，不经意将筷子掉在地上了。这个客人也不讲究，捡起筷子略擦了擦便准备继续使用。这时值台的服务小姐眼疾手快，马上将一双干净筷子递到了客人的面前，并说：“对不起，请用这一双，谢谢合作！”

资料来源：张秋埜．酒店服务礼仪．杭州：浙江大学出版社，2009.

2. 勺子

中餐中，勺子的主要作用是舀取菜肴、食物，尤其是流质的汤、羹。用筷子取食物时，也可用勺子辅助。

（1）不要单用勺子去取菜。

（2）舀取食物不宜过满，以免溢出来弄脏餐桌或自己衣服。必要时，可在舀取食物后，在其原处停顿片刻，待其汤汁不会再流时，再移向自己享用。

（3）暂时不用勺子时，可置之于自己的碟子上。不要把它直接放在餐桌上，或是让它立在碗里。

（4）用勺子取用食物后，应立即食用，不要把它再次倒回原处。

（5）若取用的食物过烫，不可用勺子将其折来折去，也不要用嘴来吹，要等食物凉些的时候再取用。

（6）食用勺子里盛放的食物时，尽量不要把勺子塞入口中，或反复吮吸它。

3. 碗

碗在中餐中，主要是盛放主食、羹汤之用。

（1）不要端起碗来进食，尤其是不要用双手端碗向嘴里倒食物。

（2）碗内若有食物剩余时，不可将其直接倒入口中，也不能用舌头伸进去乱舔。应以筷、匙辅助食用碗内食物，不能直接下手或不用任何餐具而以嘴吸食。

（3）不能把碗倒扣过来放在餐桌上。

4. 盘子

盘子使用方面的讲究与碗略同。盘子在餐桌上一般应保持原位，不被搬动，而且不宜多个摆放在一起。

稍小一些的盘子，被称作碟子，也叫食碟。食碟（用来暂放从公用的菜盘里取来享用的菜肴）使用时食碟应注意：

（1）不要一次取放过多菜肴。

（2）不要将多种菜肴堆放在一起。

（3）食物的残渣、骨、刺不要吐在地上、桌上，而应将其轻轻放在食碟前端，必要时再由侍者取走、换新。

（二）辅餐具

1. 杯子

杯子分为水杯（图 9-10）和酒杯（图 9-11）两种。

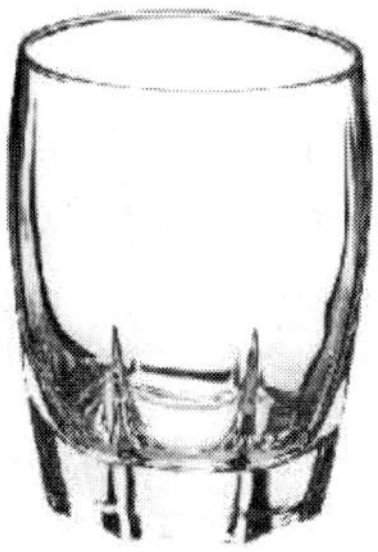

图 9-10 水杯

图 9-11　酒杯

（1）水杯。正式宴会中，水杯放在菜盘左上方。主要盛放清水、汽水、果汁、可乐等软饮料。不要以之去盛酒。不要倒扣水杯。喝入口中的东西不能再吐回去。（如茶叶）

（2）酒杯。正式宴会中，酒杯放在菜盘右上方。酒杯数目和种类一般根据所上酒的品种数目来确定。一般分为白酒杯和甜酒杯。

2. 湿巾（香巾）

（1）用餐前的湿巾只能用来擦手，绝不可用以擦脸、擦嘴、擦汗，擦完后将其放回盘中。

（2）正式宴会结束前，再上一块湿巾，只能用来擦嘴，不能擦脸或擦汗。

3. 水盂（洗指盅）

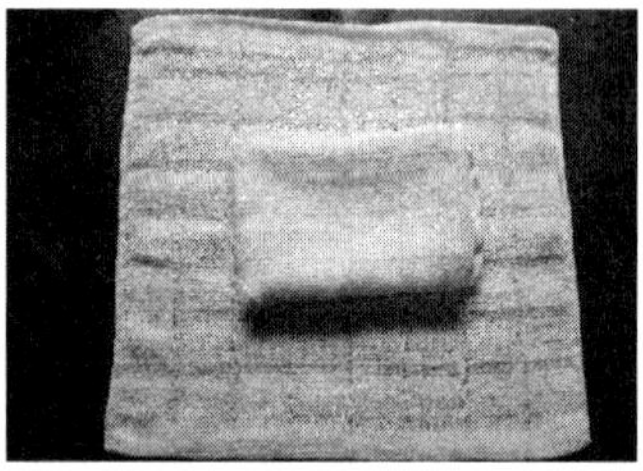

图 9-12　湿巾

图 9-13　水盂

有时，品尝中餐者需要手持食物进食。此刻，往往会在餐桌上摆一个水盂，即盛放清水的水盆，这是供洗手用的，曾有人误以为是饮料，以致成为笑话。

图 9-14　牙签

用法：两手轮流沾湿指尖，然后轻轻浸入水中涮洗。洗毕，应将手置于餐桌之下，用纸巾擦干。

4. 牙签

用中餐时，尽量不要当中剔牙。非剔不可时，应以另一只手掩住口部。取食物，不要以牙签扎取。（现在，很多地方用牙签取食果盘。其实正规做法应用叉子。）

四、进餐礼仪

（一）不玩餐具

等待就餐时，不能用筷子敲桌子或坐在座位上摇晃座椅。待所有客人入席，主人说“请”之后，再动筷。

（二）不坏吃相

进餐时要举止文明，保持良好的坐姿，吃东西时手肘不要压在桌面上。要细嚼慢咽，喝汤时注意不要发出声音。夹菜时等菜转到自己面前再夹，不乱挑菜，不争抢菜，不胡布菜，需使用公筷或公共调羹的菜，应先用公筷将菜夹到自己的盘中，再用自己的筷子食用。

（三）不违食俗

例如，过年时，吃中餐少不了鱼，表“年年有余”。渔家、海员吃鱼时，则忌讳把鱼翻身，因为有“翻船”之意。

（四）维护形象

进餐过程中，不能吸香烟，不清嗓子，不能在众人面前修饰自己的妆容，这是非常失礼的行为。咳嗽、打喷嚏、擤鼻涕、吐痰时应将头转到一边，用手或手帕遮掩。

（五）不乱走动

进餐过程中，不要乱走动，这样会打扰别人。

长镜头

盛情布菜不用公筷也让客人难堪

中国人的热情好客经常在餐桌上得到最充分的体现，推杯换盏之间，东道主为尽地主之谊，劝酒、布菜是必不可少的，好像不布菜就不足以说明热情的程度。但布菜不规范往往又令客人很难堪，王强说他最近就遇到过这样尴尬的事情。

那天他去看望一个很久不见的亲戚，亲戚见到他很高兴，席间，一个劲地用她的筷子给王强夹菜，一个筷子接一个筷子热情招呼，弄得王强应接不暇。而王强发现她在用餐时又特爱用嘴嘬筷子头儿，几乎每吃一口都嘬一下，看得王强一个劲儿地反胃，顿时食欲全无，还不好意思说出来。

布菜是热情好客的中国人在餐桌上常见的举动，但是，根据客人的不同情况来调整，而且随着人们的卫生意识的增强，现在都采用公筷来布菜。

资料来源：孙玲. 商务礼仪实务与操作. 北京：对外经济贸易大学出版社，2010.

子模块三　西 餐 礼 仪

导学案例

老李的儿子留学归国，还带了位洋媳妇回来。为了讨好未来的公公，这位洋媳妇一回国就诚惶诚恐地张罗着请老李一家到当地最好的四星级饭店吃西餐。

用餐开始了，老李为在洋媳妇面前显示出自己也很讲究，就用桌上一块“很精致的布”仔细地擦了自己的刀、叉。吃的时候，学着他们的样子使用刀叉，既费劲又辛苦，但他觉得自己挺得体的，总算没丢脸。用餐快结束了，吃饭时喝惯了汤的老李盛了几勺精致小盆里的“汤”放到自己碗里，然后喝下。洋媳妇先一愣，紧跟着也盛着喝了，而他的儿子早已是满脸通红。

你觉得老李的儿子为什么会满脸通红呢？找出不符合西餐礼仪的地方。

原来老李闹了两个笑话，一个是他用“很精致的布”（餐巾）擦餐具，那只是用来擦嘴或手的，不能用来擦脸或是餐具，用餐巾来擦餐具是很不礼貌的；二是“精致小盆里的汤”是洗手的，而不是喝的。西餐里的汤是在主菜之前上，而案例中在用餐快结束时上的“汤”，是洗手水。

老李虽然已经很注意学儿子媳妇的样来吃西餐，但他并不了解西餐文化和礼仪。所以才闹出了笑话

随着我们对外交往的越来越频繁，只有掌握一些西餐礼仪，在必要的场合，才不至于像老李一样“出意外”。

西餐，是对西式饭菜的一种约定俗成的统称。西餐和中餐相比，餐具较多，用餐的礼仪也更为繁琐。

一、西餐的菜序

即西餐用餐的先后顺序。与中餐、日餐等东方国家的餐式相比，西餐的菜序具有明显的不同。如，享用西餐时，通常要先上汤。而中餐里，汤大都在最后。

（一）头盘

头盘是西餐的第一道菜，也叫开胃菜，即“打开胃口之物”，目的是增强食欲，往往不被列入正式的菜序，充当“前奏曲”。由蔬菜、水果、海鲜、肉食所组成的拼盘，以各种调味汁凉拌而成，有冷盘和热头盘之分。如图 9-15 所示。

图 9-15　开胃菜

（二）汤

汤是西餐的“开路先锋”，如图 9-16 所示，只有开始喝汤时，才算正式开始吃西餐了。一般分清汤、奶油汤、蔬菜汤和冷汤四种。需用汤匙。此时一般有面包、黄油。面包，一般是切片面包，涂上果酱、黄油、奶酪。

图 9-16　汤

（三）副菜

西餐的第三道菜，又称为副菜，一般以鱼类菜肴为主。通常水产类菜肴与蛋类、面包类、酥盒等都称为副菜。如图 9-17 所示。

图 9-17　副菜

（四）主菜

主菜主要指肉、禽类菜肴。有冷有热，以热菜为主。比较正规的正餐上，大体上要上一个冷菜，两个热菜。两个热菜中，还讲究一个是鱼菜，一个是肉菜。有时，还会再上一个海味菜。最有代表性的是牛肉或牛排。如图 9-18 所示。

图 9-18　主菜

（五）蔬菜类菜肴

在西餐中称之为沙拉。如图 9-19 所示。可以安排在肉类菜肴之后，也可与肉类菜肴同时上桌。

图 9-19　沙拉

（六）甜点

甜点在主菜后食用，它包括主菜后的所有事物，如布丁、冰淇淋、奶酪和水果等，如图 9-20 所示。

图 9-20　甜点

（七）咖啡、茶

西餐的最后一道是咖啡或茶，如图 9-21 所示。一般是红茶或黑咖啡，主要作用是帮助消化。

图 9-21　咖啡

二、餐具及使用礼仪

图 9-22　餐具摆放

（一）刀叉（餐刀、餐叉）

1. 刀叉的类别

正规的西餐宴会，讲究吃一道菜换一副刀叉。也就是说，吃每道菜时，都要使用专门的刀叉。如图 9-23 所示。不可乱拿乱用，也不可从头至尾使用一副刀叉。

通常摆在你面前的会多达三副刀叉。刀叉一般有：吃黄油用的餐刀，吃鱼用的刀叉，吃肉用的刀叉，吃甜品用的刀叉等。吃黄油用的刀，没有与之匹配的餐叉，一般横放在用餐者左手的正前方。其他刀叉则是在餐盘左右，右刀左叉。吃甜品的刀叉最后使用，一般横向放置在用餐者面前的餐盘的正前方。

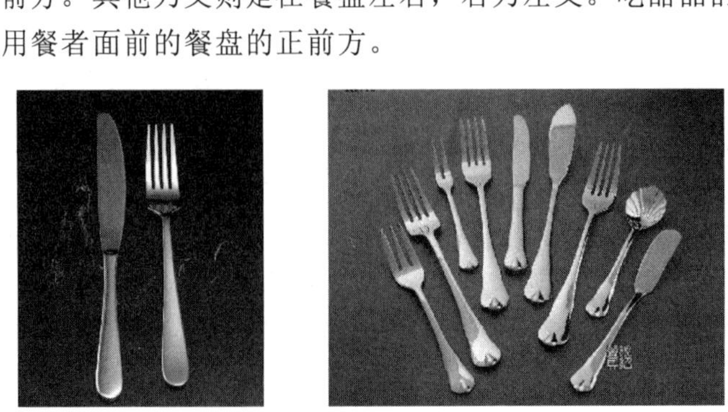

图 9-23　刀叉种类

2. 刀叉的使用

使用刀叉的时候，依次由两边由外侧向内侧取用。左手握叉，右手握刀，如图 9-24 所示。将食物切成小块，用叉送入口内。任何时候，都不能将刀叉的一端放在盘上，另一端放在桌上。

图 9-24　刀叉的使用

刀叉使用注意：

（1）切割食物时，不可弄出声响。

（2）切割食物时，双肘下沉，忌左右开弓。

（3）食物切割大小应刚好适合一下子入口，且以餐叉入口。

（4）注意刀叉朝向。将餐刀临时放下时，不可刀口向外。双手同时使用刀叉时，叉齿应朝下；右手持叉进食时，则应叉齿向上。刀叉不可指向他人。如果是谈话，可以拿着刀叉，无需放下，但如果要做手势，就要把刀叉放下，切勿拿着刀叉在空中飞舞。

（5）掉在地上的刀叉切勿再用，可请侍者另换一副。

3. 刀叉的暗示

（1）暗示尚未吃完。刀右叉左，刀刃朝内、叉齿朝下，二者呈“八”字形状摆放在餐盘上。（切勿摆成“十”字形状，西方人认为晦气。）如图 9-25（a）所示。

（2）暗示可以收掉。刀右叉左，刀刃朝内，叉齿朝上并排摆放在餐桌上或刀上叉下并排横放在餐盘上。如图 9-25（b）所示。

（a）

（b）

图 9-25　刀叉的暗示

（二）餐巾

1. 餐巾的用途

（1）进餐时，用于保洁服装。

（2）擦拭口部。只可用来擦嘴，注意，不能用来擦汗、擦脸、擦手。特别是不能用之擦餐具，如果这样做会暗示主人餐具不洁，要求另换一副。如果想与人谈话，应用餐巾上角内侧沾一沾嘴，将嘴擦干净再谈话，以示礼貌。

（3）掩口遮羞。尽量不要当众剔牙。如果非剔不可，应以左手拿餐巾挡住口部，右手剔牙或以餐叉接住“出口”之物，再移到餐盘前端。

（4）用来进行暗示。

① 暗示用餐开始（女主人铺开餐巾）

② 暗示用餐结束（女主人把餐巾放在桌上）

③ 暗示暂时离开（餐巾放在椅面上）

2. 餐巾的使用

餐巾应平铺在自己并拢的大腿上。正方形餐巾，折成等腰三角形，直角朝向膝盖方向；长方形餐巾，对折，折扣向外平铺。打开餐巾，并将其折放的整个过程应悄然进行于桌下，不要临空一抖，吸引他人注意。最好不要将餐巾掖于领口、围在脖子上、塞进衣襟里或系在裤腰上。

三、进餐礼仪

（一）正襟危坐

就座时，从左侧进入，身体与餐桌保持两拳左右距离。上身呈挺拔之态。双手不要支在桌上，或藏于桌下，应扶住桌沿。双腿切勿乱伸，别忘了自己对面与两侧皆为异性。

（二）正确使用餐具

（三）取菜

每次应取少许，吃完如不够，可再取。要使用公用的餐具，不能用用过的餐具取菜。一般不要给人取菜。如果要取用餐桌上距离自己较远的调味品，不能站起身来伸长手臂去拿，可以请别人帮忙传递。

（四）吃相干净、进食噤声

进餐时要举止文雅，闭嘴咀嚼，喝汤不要发出声音，嘴内有食物时，切勿说话。面包应当掰出一两口可以吃完的一块，涂上黄油或果酱再吃，不能整片或整块地咬着吃，这是很不雅观的。

（五）喝茶或咖啡

加牛奶、白糖后，用小汤匙搅拌完，将小汤匙仍放回小碟内，喝时，右手拿杯把，左手端小碟。

（六）水果

吃苹果、梨时，不能整个拿着咬，应先用水果刀切成四瓣或六瓣，再用刀去皮、核，削皮时刀口朝内。吃香蕉时，先剥皮，再用刀切成小块，用水果叉叉着吃。

（七）喝饮料

最好先用纸巾擦一下嘴唇，有纸巾时可不用餐巾擦。

（八）女士优先

国际礼仪讲究“女士优先”，在整个进餐过程中要礼待女主人，照顾女宾客，帮着存外套、拉椅让座、帮助取菜、拿调味品、陪其交谈等。

（九）积极交际

西餐宴会的主旨，就是促进人们的社交活动，应适当交际。

长镜头

镜头一　他为什么失落

张伟是一家外贸公司公关部新聘职员，各项表现还不错。一次，公司来了几位瑞典客人，自然公司准备设宴款待对方。宴请安排的是西餐，本来陪同客人进餐的是公关部李经理。但不巧的是公司里另有要事需要李经理亲自处理，公司考虑到张伟的一向表现，决定派张伟同客人进餐。这是张伟第一次接触西餐，虽然心里没底，但在同事的鼓励和好友热情传授吃西餐的经验的促动下，毅然赴宴了。毕竟是第一次吃西餐，再加上也是第一次应酬外国客人，餐桌上还是出了不少洋相。回来之后，张伟很是懊悔自己的失误，但对周围同事说起时还不断抱怨："吃什么西餐，讲究那么多，活受罪，下次再也不去了"。果真，从那之后公司凡有外事接待都不再安排张伟，但张伟总感到无以言状的失落。

资料来源：孙玲. 商务礼仪实务与操作. 北京：对外经济贸易大学出版社，2010.

镜头二　如此吃相

在与自己的同事一道外出参加一次宴会时，财政局干事唐艺林因为举止有失检点，从而招致了大家的非议。

唐艺林当时在宴会上为了吃得畅快，在开始用餐之后便一而再、再而三地减轻自己身上的"负担"。他先是松开自己的领带，接下来又解开领扣、松开腰带、卷起袖管，到了最后，竟然又悄悄地脱去自己的鞋子。尤其令人感到不快的是，唐艺林在吃东西时，总爱有意无意地咂巴其滋味，吃得訇然作响，并且其响声"一波未平，一波又起"，"一浪高过一浪"。

唐艺林在宴会上的此番作为，不仅令他身边的人瞠目结舌，而且也叫他的同事们无地自容。大家就此纷纷指责唐艺林：丢了自己的人，丢了单位的人，也丢了大家的人。

资料来源：http://sy.weleve.com/sz/11174. html

想一想

你知道张伟失落的原因是什么吗？张伟该如何做，才能从目前的处境中走出来？

练一练

全班分成几个小组，分别轮流扮演主人、客人和餐厅服务员，模拟演练在西餐厅点菜的礼仪。每个小组的表现可由其他小组成员和老师一起点评。

思考和训练

1. 国际交往中宴请形式主要有哪几种？

2. 宴请桌次、座次安排应注意哪些问题？

3. 中餐和西餐的礼仪分别有哪些？

4. 模拟一特定商务情景，如：某部门公关部将负责安排筹办一场答谢客户的宴会，将邀请与本公司有业务联系的几家大客户。全班分组各自设计这场宴请筹备事项的方案，最后将各自的方案进行比较和评价。

模块十

求职礼仪

导学案例

他为何成功了？

一家公司招聘一名办公人员，有50多人前来应聘。公司经理在众多的应聘者中选中了一名普通的年轻人。其助手说："怎么选了他呀，他没有任何工作经验啊？"公司经理回答："他一定能适应这个工作。首先，他在进门之前妥善地收放好自己的雨具，进门后随手关上了门，说明他做事很仔细。在等候的时候，他不像其他应聘者那样在外面喋喋不休地谈论，当一名老年人向他咨询时，他礼貌耐心地为老人解答。进了办公室，其他应聘者都没有注意到我故意倒放在门边的拖布，只有他俯身捡起并把它放到了墙角。他衣着整洁，回答问题思路清晰、简明干脆。这些足以证明他能够胜任这份工作。"

学习与训练目标

◇ 做好求职面试的各项准备，设计符合自身实际的简历

◇ 掌握面试应符合的礼仪规范，拥有职业化的举止

◇ 在面试中得体地与面试官沟通交流，展现良好的职业形象

◇ 完善面试后的礼仪规范

子模块一　求职前的准备

一、收集信息

收 集 内 容

△当前大学生就业市场的供需形势信息

△政策和法规信息　　△用人单位的信息

△就业活动安排信息　　△成功择业的经验、教训等信息

（一）当前大学生就业市场的供需形势信息

重点了解本校本专业的社会需求情况，用人单位对毕业生的基本要求、就业后从事本专业岗位的工作上存在的问题和不足等。了解所存在的不足，以便及时充实提高。

（二）政策和法规信息

以航海专业毕业生为例：要了解本专业就业的有关规定，如录用高等学校航海类专业毕业生实施收费的规定、航海类专业未从事航运工作的规定等。

（三）用人单位的信息

主要了解用人单位的需求数量、生产经营状况、文化背景、发展前景、工作条件、福利待遇、对人才的重视程度以及对毕业生的具体安排和使用意图等。

长镜头

女大学生为什么能够胜出

某师范学校语文组急需招聘一位语文教师，有三位中文系的大学生前来应聘，学校决定第二天面试。三位大学生中有两位早早就休息了，而另外一位女大学生却开始做功课了。她想，三人竞争一个职位，自己并无优势而言，于是，她去找该校语文组的一位教师打听情况。她问道："请问老师，语文组一般设有哪些课程？" 该教师告诉她，语文组设有语音、语法修辞、文选三门课，现在急需语音老师。第二天面试时，校领导请三位同学自报特长。一位说他对古典文学很感兴趣，并有论文发表；另一位说，他对现代文学很感兴趣，而且擅长散文创作，已有六七篇文章见报了。最后那位女大学生操着一口流利的普通话说：我喜欢现代汉语，尤其是语音部分。我希望能够为推广普通话尽自己一份力量。" 最后，学校领导一致通过，录取了这位女大学生。

这位女大学生之所以能够胜出，就是因为她事先了解了用人单位的需求信息，有针对性地进行自荐。

资料来源：杨继忠，胡浩，张洪钺. 大学生礼仪. 北京：北京理工大学出版社，2011.

（四）就业活动安排信息

重点了解本校召开的企业推介会、双选会的时间安排等。

（五）成功择业的经验、教训等信息

"择业过来人"的择业经验、教训，就业指导教师的体会和建议等。

二、自我分析

只有正确地评估自己，客观地认识自己，做到扬长避短，才能在竞争激烈的求职市场上成为胜利者。

（一）自身综合素质、能力的自我测评

如学习成绩在全专业中的名次，自己的兴趣、特长、爱好是什么，有何出众的能力

（包括潜能）等。

（二）分析自己的性格

通过职业测评系统对自己的性格进行一定的分析，尽可能从事与自己的性格气质相符合的工作。

（三）分析自己的情况

在择业过程中，具有哪些优势，哪些劣势，应该如何扬长避短。

（四）问问自己究竟想做什么

即自己想在哪一方面有所发展，想成为什么样的人。

三、确立目标

如何明确目标

△择业的地域范围　△择业的行业范围　△择业的单位

（一）择业的地域范围

择业的地域既要考虑是否符合政策规定，同时还要考虑生活习惯以及今后的发展等因素。

（二）择业的行业范围

多从自己的综合素质（特别是专业知识）、能力以及兴趣、特长等方面选择就业行业。

（三）择业的单位

毕业生在选择单位时，除了关注福利待遇外，还应多关注用人单位的管理体制、人事管理制度、人才培养规划、企业文化和发展前景等方面。

四、应聘材料的准备

应聘材料包括：

求职信、个人简历、学校推荐表以及附件（证书复印件）等。

应聘材料是反映毕业生个人总体情况和综合素质的主要材料，是大学毕业生用来和招聘单位取得联系，投石问路最常用的方法之一。这几种材料虽然单独都能使用，但各自的侧重点不同。求职信主要表明自己的态度，个人简历主要说明自己过去的经历，学校推荐表体现了学校对自己的认可，附件则强调自己所取得的成绩。缺了任何一个方面，应聘材料都不够完整。

（一）求职信

求职信是求职者向用人单位或单位领导人介绍自己的实际才能、表达自己就业愿望的一种书信。多数用人单位都要求求职者先寄送求职材料，由他们通过求职材料对众多求职者有一个大致的了解后，再通知面试或面谈人选。因此，求职信写得好坏将直接关系到求职者是否能进入下一轮的角逐。

1. 求职信的内容

求职信的内容主要涵盖四个方面：即个人情况和用人消息来源；申请的工作岗位；胜任工作的条件；表示面谈的愿望。

2. 求职信书写应注意的礼仪

求职信书写应全面、真实地介绍自己的情况；反复斟酌字句，不要写错别字；书写简明扼要，但要突出重点；不要过分强调学习成绩和工作能力；介绍特长时应真实、具体、不要泛泛而谈；书写纸张应用质地好的 A4 打印纸，采用正确的格式，达到干净、整齐；书写篇幅尽量控制在一页以内，太长了，对方没时间看，太短也不行，自己的情况介绍不详细，不易吸引人。

3. 求职信格式

求 职 信

称呼（尊敬的________：）

问候语　（您好！）

正文

第一段：在此应写明写此信的理由、应聘职位以及从何处得知招聘信息等。

例如：获知贵公司________年____月____日在________报上招聘________的信息后，我寄上简历敬请斟酌。

第二段至第三段：叙述你的应聘动机和自己认为适合该职位的理由，如果有与应聘职位相关的技能、经历，应加以说明。这里不要详述一些经历，只需提及详见简历即可。必须推销求职者的价值，说明并简明阐述求职者如何满足公司的要求。陈述求职者所特有的将据之以为公司做出贡献的教育、技能、资质和成就（成果），如果可能的话，量化这些成就。

例如：我作为一个________已有________年社会实践经历。

结尾段落：感谢招聘者阅读了此信，表示希望接受面试，并表明希望由对方安排面试的日期、地点等，并标明与自己联系的最佳方式。

例如：我希望我是该职位的有力竞争者，并希望能尽快收到面试通知。

结尾　此致

敬礼！

署名　天津海运职业学院×××系学生×××

日期　×年×月×日

（二）个人简历

1. 个人简历的基本内容

（1）个人资料

包括：姓名、性别、出生年月、籍贯、政治面貌、身体状况、兴趣、爱好、性格及自己的联系方式等。

（2）学业有关内容

包括：毕业学校、所学专业、学历、主要课程、外语、计算机掌握程度。

（3）本人经历

本人经历主要描述大学以来的简单经历，特别是学习和担任社会工作的经历等。

（4）自我评价

自我评价主要总结大学阶段的表现。

（5）所获荣誉

包括：三好学生、优秀团员、优秀学生干部及奖学金等方面。

（6）本人愿望

求职者应根据自己的爱好、兴趣和特长，从事适合的工作。

2. 个人简历的写作要求

（1）简历要“简”

一般来说，简历有一至两页就足够了。简洁明了的简历既能够突出个人的重要信息，减少不必要的干扰信息，也能够照顾到招聘者的阅读。

（2）重点突出

用人单位想要了解的重点是你可以为他们做什么，所以简历的重点在于突出个人的学习（或培训）经历、工作经验及曾取得的成绩。若要有多个求职目标，最好写上多份不同的简历，在每一份上突出重点，这将使你显得与众不同，获得招聘者更多的青睐。

（3）真实准确

在简历的编写中一定要遵循诚实的基本原则，如实地表达出自己的实际情况，不可夸大其词，更不许有虚构的成分。谎言既会让你人格受损，也会使你错失良机。

（4）用词得当

用词要准确，表情达意清楚明了，不模糊含混。用词要有表现力来显示你的专业素养，用具体的数据来增加说服力。需要注意的是，简历中一定要避免出现错别字。

长镜头

谁的简历更受欢迎

小王和小李是某大学的同班同学，有一天，他们就如何写简历的事发生了分歧。小王认为：简历设计要有个性和特点，不同的求职单位和岗位，要有不同的简历。如果没有给招聘单位“一见钟情”的效果，很可能错失良机。为此，小王在简历的制作上花了不少时间和精力。而小李却认为：还是用统一的简历好。自己有多种技能，是个“多面手”，如果不全写在简历上，岂不可惜。

资料来源：鲍秀芬. 现代社交礼仪修养. 北京：机械工业出版社，2011.

想一想 到底是采取小王的做法，还是采纳小李的意见？

分析

在一般的情况下，还是用小王的方法比较妥当。

1. 针对性更强。根据不同的公司及其岗位设计不同的简历，分门别类地投送，在实践与实习经历的陈述中，强调与求职职位相关的实践、实习经历及其业绩，低调处理不相关的工作、技能、培训经历等。这样的“量身简历”针对性强，对招聘有指向性的岗位非常有利。

2. 更有个性。对简历“量身制作”，有助于提高招聘效率。对求职者而言，制作简历就是在推销自己。你就好像是产品，简历就是你的广告。一千个顾客可能有一千个要求，不可能是千篇一律的。因此求职者要针对不同的需求单位策划出不同的广告。

3. 对没有指向性，只要能被录用，干什么都行的求职者来说，做一份“万金油”的简历也未尝不可，但也要注意有你自己的特色，否则就有可能被淹没在千千万万份简历中，错失良机。

（三）学校推荐表

就业推荐表是由学校毕业生就业主管部门出具的，一般包括本人及家庭基本情况，在校期间学习成绩及奖惩情况，自我鉴定，组织意见等部分，具有代表校方向用人单位推荐毕业生的作用，具有权威性，用人单位对此也有较高的信任度。另外，就业推荐表只有一人一份原件，具有唯一性。它（一般用复印件，等正式签约时出具原件）放在应聘材料中，加大了应聘材料的可信度及自荐力度。

（四）附件（证书复印件）

附件既是证实应聘材料中所列出的各方面情况的原始证明材料，也是证明应聘材料的真实性和自荐人各种能力、特长的有力佐证。一般用人单位决定招聘后要看原件，所以原件一定要妥善保存。

五、心理准备

△ 克服恐惧心理　　△ 充满自信

△ 不要害怕失败　　△ 凡事积极争取

（一）克服恐惧心理

面试前应做好思想准备，努力克服恐惧心理，其方法有：暗示自己；不要随便否定自己；不要心存“不可能“的想法；拥有信念和精力。

（二）充满自信

自信是求职面试前必备的心理素质，是面试成功的关键。任何公司或单位都不希望自己的职员畏首畏尾、过分谦卑而担当不了大事。

（三）不要害怕失败

错误是必不可少的，但关键是要能很快地吸取经验教训，总结经验。求职也如此，不要害怕失败，要牢牢记住“失败是成功的踏脚石”。

（四）凡事积极争取

不管遇到什么事情，去做不一定能够成功，但不做就一定不会成功，凡事要积极争取。就业机会也如此。

子模块二　求职中的基本礼仪

一、注重仪表，树立形象

经调查，一个人的外在形象在面试中占到了55%，远胜过内在学识所占的比重，一个人的外在形象，直接影响到面试的成功率。

两个素不相识的人，第一次见面时彼此留下的印象叫“首因效应”，亦称“第一印象”。人与人之间的相互交往、人际交往的建立，往往都是从第一印象开始的。

第一印象是一种直觉，要在求职时获得考官良好的第一印象，面试时的形象设计很重要。你的服饰、你的视线、你的态度及你讲话的嗓音、说话的频率和速度等，凡是能够用眼睛看到，用耳朵听到的信息往往要比你所说的内容更为深刻。“外貌是一种视觉简历”，“第一印象”在无形中左右着主考官的判断。

长镜头

改变自己让他求职成功

小张是个着装随便、不注意仪容仪表的男同学，在最初的求职中，总像平时那样随便着装进入大公司。应试中，问什么答什么，亦步亦趋，表情十分拘谨，结果屡试不举。从失败中，他总结教训，改变自己的形象。首先，每次面试总要穿戴整齐，彬彬有礼，斯文庄重又颇具风度。其次，由于有多次失败的经验，应答也老练多了，不再是简单的“是”或“不是”，而是适时表露自己的知识和才能，主动阐述自己对某个问题的看法，临场发挥，谈吐自如，从而赢得了招聘企业的赞许。

资料来源：杨继忠，胡浩，张洪铖. 大学生礼仪. 北京：北京理工大学出版社，2011.

（一）妆饰庄重适度

一般来说，参加面试之前，大学毕业生要适度妆饰自己。

1. 要洗澡，保持体味清新。

2. 要注意脸部的清洁卫生，男生要剃须，女性要化淡妆，切忌浓妆艳抹。

3. 养成良好的口腔卫生习惯，要保持牙齿的清洁。

4. 要清洁头发，发型适度，符合身份。男性发型要大方有朝气，不可求新、求怪，更不可染发。女性的发型不能过于时尚，也不要染过艳的颜色，面试时最佳发型应是梳理整齐的短发，给人以精神干练的感觉，一般不要留披肩长发，如果是长发，最好将长发盘起或扎起，给考官一个成熟、稳重、精明的印象。

5. 要注意手部的清洁，指甲缝里不能有污垢，不要留长指甲或染指甲。如果女同学要涂指甲油，建议保持指甲的本色或清爽明亮的中性颜色，不要涂彩色指甲油。

6. 佩戴首饰要适度，少戴为佳，切忌佩戴过于炫目、怪异的首饰。

（二）着装端庄得体

求职面试是一种有目的的交际活动，面试的着装影响到主考官对求职者的第一印象，一定要慎重行事。求职装没有刻板的模式，视场合和对象而定，但你的着装必须体现你的知识结构、专业水平、文化品位等。一般来说，求职者的着装应与社会时尚相协调，做到既高雅端庄又大方得体，使不同层次的人都能够欣赏接纳。所以，求职装既要有大众化的特征，又要避免流俗。样式尽可能简单大方，色彩上也应慎重，太多色彩和太花哨的纹样不要选择，避免装束前卫大胆。

男性求职面试以穿深色西装为宜，要求同色配套，最好配白衬衫，一定要系领带，领带颜色及图案要与西服、衬衫相协调。去应聘时，男同学没有必要购买价格昂贵的西装，视自己的经济能力，合适就行。穿西装一定要穿皮鞋，最好是黑色皮鞋，不能穿旅游鞋、便鞋和凉鞋，否则不伦不类，让人笑话。穿皮鞋还应配上合适的袜子，最好是全棉的袜子，袜子颜色要比西装颜色深一些，千万不要穿白色或透明的袜子。

女性着装较男性着装更富于变化。男装要求同色配套，女装可在不同套之间进行搭配，不同颜色之间可相互映衬。去应聘的女同学，可根据自身条件及所招聘的职位情况，设计自己的服装。首选正规的职业女装，套装、套裙都行，也可根据自身条件选择上穿毛衫下穿合体的长裤，或上穿便装下穿一件简洁素雅的长裙，飘逸大方，又不失大学生的身份。裙装不要太短，以过膝为宜。穿裙装应配连裤袜，以肉色为宜，不要穿挑丝、有洞或线补过的袜子，更忌穿短袜。可以选择一条小丝巾与服饰搭配，表现出女性的柔美和活力。面试时，要穿高跟皮鞋，以黑色为宜，注意保持皮鞋的干净清洁。忌穿露肩、露胸、露腰的服装。

长镜头

她为什么没被录用

一名女士到一家大公司应聘总经理助理岗位。公司的主考官对她的才能、学识大加赞赏。但最终却没有录用她。他说：“这个女士来面试的时候，穿着昂贵的时装，却配了一双松糕鞋，指甲抹得血红。手提包看上去有些脏。一个缺少品位且有些邋遢的女人是不适合在管理层做管理工作的。”

想一想

这位女士为什么会应聘失败？
如何塑造良好的求职形象？

大学生的求职装扮实际上表达了自己的内在素养。有时我们的外表也许会比我们的语言更具说服力，当你穿上最得体的服装，笔直挺拔，说话富有激情时，与一个相同学历的人相比，你出色的职业化外表，将给你带来更多的机会，我们要把握求职形象的基本特征，按照求职形象对自己进行精心设计。

二、见面礼仪

细节决定成败

（一）对接待人员以礼相待

对候试室或面试室门口的接待员要以礼相待，注意细节，恰当的表达礼貌。在等候面试期间，应端坐在人家指定的地方，不可到处走动，东张西望，表现出焦急不耐。

（二）关掉手机

见面时，自觉将手机关掉，或拨到静音状态。

（三）入室时先敲门

如被传召，在入面试室时应先敲门。即使面试房间的门是虚掩的，也应敲门，千万别冒冒失失推门就进，给人鲁莽、无礼的印象。

敲门时要注意敲门声的大小和敲门的速率。正确的是用右手背的手指关节轻轻地敲三响，问一声：“可以进来吗？”待到允许后再轻轻推门而进。进入考场后，转身静静地把门关好，动作轻便，尽量不发出声音。

（四）忌贸然握手

进到面试室，行握手之礼，应是主考官先伸手，然后你单手相迎，右手热情相握。若你拒绝或忽视了主考官伸过来的手，则是你的失礼。若非主考官主动先伸手，你切勿贸然伸手与对方握手，这是基本的礼仪。

（五）入座的讲究

进入面试室后，在没有听到“请坐”之前，绝对不可以坐下，等考官告诉你“请坐”时才可坐下，坐下时应道声“谢谢”。良好的坐姿是给主考官留下好印象的关键要素之一。不要坐满位，显得太随意了，也不要只坐在椅边，显得太紧张，坐椅子的 2/3 就行；上身挺直，保持轻松自如的姿势；身体要略向前倾；不要弓着腰，也不要把腰挺得很直，这样反倒会给人留下死板的印象，应该很自然地将腰伸直，并拢双膝，把手自然地放在上面。自己随身带的公文包或皮包，不要挂在椅子背上，可以把它放进自己坐的椅子旁边或背后。

（六）大方得体

带上必要的应聘材料，见面时，一定要保证不用翻找就能迅速取出所需资料。如果要送上这些资料，应双手奉上，表现得大方和谦逊。

三、面试交谈礼仪

斯文有礼，不卑不亢，大方得体，生动活泼的言谈举止

（一）自我介绍的礼仪

在求职面试过程中，假如对方没有收到求职者的求职资料，那么，一见面，主考官会首先让求职者来个自我介绍。只有通过自我介绍，才能让主考官建立起印象，继而达到让主考官了解并接受求职者的目的。如果你学业再好，工作经验再丰富，特长再多，动手能力再强，但在自我介绍时“茶壶里煮饺子——有货倒不出”，也必将使用人单位对你的印象大打折扣，继而怀疑你的实际能力，从而失去了竞争优势。可见自我介绍是求职面试中相互了解的基本方式，求职者在作自我介绍时，应注意自我介绍的礼仪。

1. 自信大方

只有自信的人才能使他人另眼相看，才能有魅力并使人产生信赖的好感，如果流露出羞怯心理，则易削弱对方的信任感。

2. 表述要富有幽默感

自我介绍中，适时融入幽默的语句，易于赢得欢笑与好感，诙谐的真话笑话，比庄重严肃的表白更深入人心。

3. 注意自谦

自我介绍时不可孤芳自赏，应在说“我”字时语气平和，目光亲切，神态自然，才能从“我”字中让人感受到你的自信、自立、自尊而又自谦的美好形象。

4. 内容要有针对性

求职者必须针对应聘岗位有针对性地重点介绍相关的学历、经历、能力及个性特征，而且要言之有物，切忌用鉴定式的语言、大而空的套话来勾画自己，切忌有自我炫耀之嫌。

5. 缺点要点到为止

求职者自我介绍主要是展示自身优势，从而赢得主考官的好感、信任与支持。如果缺点毛病介绍得过多过细，则容易导致求职失败。

6. 举止庄重

举止要庄重，姿势端正、大方。介绍时可将右手放在自己的左胸上，不要用手指指着自己。表情应亲切、自然，眼睛应看着对方，不要显得不知所措、慌慌张张、面红耳赤，更不能表现出一副随随便便、满不在乎的样子。

7. 准备充分

求职前应把自我介绍的讲稿写好，背得滚瓜烂熟，转化为自己的知识。在求职面试前如果你感到紧张，就可事先在镜子前作一些练习，或请同学、家人、朋友指正，通过彩排来提高自己的自我介绍技巧。

小资料

表 10-1　　自我介绍礼仪评分标准表

项目	分数	要　　求
内容	50 分	详略得当，有针对性
		言之有物，评价客观

续表

项目	分数	要　　求
内容	50分	层次清晰，合乎逻辑
		文理通顺，富有文采
		简单明了，清楚明白
仪表	10分	服饰整洁、得体，女子适度淡妆，男子适当修饰
		精神饱满，落落大方，面带微笑
态势	10分	站有站相，坐有坐相，走有走相，步履稳健，从容自如
		面部表情、手势与有声语言相互协调
礼节	10分	开头（见面）礼节
		告别（离去）礼节
语言	15分	脱离讲稿
		使用普通话或英语，口齿清楚，声音洪亮
		有一定节奏，语言流畅，发音准确
时间	5分	介绍过程1～3分钟，过长或过短则适当扣分

资料来源：王剑，张岩松. 现代公关礼仪. 西安：西安电子科技大学出版社，2011.

（二）回答问题的礼节

用人单位招聘应届大学毕业生，看重的就是他们是一张白纸，可塑性强，面谈的目的就是在众多的应聘大学生中选拔出一些综合素质强的加以培养塑造。无论应聘什么职位，都要如实回答，有一说一，不要不懂装懂，不会就不会，不要装聪明，同时话多了不行，要适可而止。面谈时，一般情况下，应该有问必答。当主考官提出的问题令你感到受冒犯或者与工作无关时，可以有礼貌地回问为什么问这样的问题，或者委婉地回答：“对不起，我不知道这个问题与我应聘的职位有什么关系，我能不能暂时先不回答这个问题呢？”千万不要很生硬地拒绝：“我不能回答这样不礼貌的问题”或者“怎么问这么不礼貌的问题”。此时此刻，不能意气用事，或者表现得不礼貌、不冷静。拒绝是可以的，但口气和态度一定要婉转、温和。学会说话也是一种礼仪。

小资料

面试中常见的问题

以下是美国恩迪科特博士经过大量调查后总结的招聘者招聘大学毕业生时常问的几十个问题，其中不少问题值得思考。

（1）你的长期和短期目标是什么？你在什么时间、为什么树立起这些目标？你准备怎样实现它们？

（2）除了与职业相关的目标外，你有什么其他方面的目标吗？你是否需要有在下一个 10 年或更长的时间内为之奋斗的目标？

（3）你预料从现在开始的 5 年内你将做些什么事情？

（4）在你的一生当中，你想做的最重要的事情是什么？

（5）你计划怎样实现你的职业目标？

（6）在职业方面，你希望得到的最重要的奖励是什么？

（7）你希望 5 年后的收入达到多少？

（8）你为什么要选择你准备从事的职业？

（9）工作类型和收入中的哪一个对你来说比较重要？

（10）你认为最了解你的朋友和教师会如何描述你？

（11）你能形容一下你自己吗？

（12）你认为你的强项和弱点是什么？

（13）什么事情或东西能激发出你最大的热情？

（14）为了你以后的职业生涯，在大学期间你都做了哪些准备工作？

（15）我们为什么要雇用你呢？

（16）你认为你在哪方面的资历将有助于你以后取得职业方面的成功？

（17）你是怎样判断或评估成功的？

（18）你认为怎样才能在像我们这样的一家公司取得职业方面的成功？

（19）你认为你将以何种方式为我们公司做贡献？

（20）一个成功的管理者应具备什么样的资历？

（21）请形容一下监督者和向其汇报工作的人员之间的关系。

（22）最令你感到满足的成就（你已经实现的）是什么？请举出两三个例子并说明为什么。

（23）请讲一讲最有益的大学经历。

（24）如果你想雇用一个毕业生，你认为该毕业生应具备什么样的资历？

（25）你为什么选择了你所毕业的大学？

（26）什么原因使你选择了你正从事的领域？

（27）在大学里你最喜欢和最不喜欢的科目是什么？为什么？

（28）如果可能的话，你将如何改变自己的学业？为什么？

（29）你是否计划继续你的学业或者说得到一个更高级的学位？

资料来源：金丽娟. 商务礼仪. 北京：北京大学出版社，2011.

（三）形体语言的恰当运用

在进出面试办公室时，一定要保持抬头挺胸的姿态和饱满的精神，与人交谈时不要频繁地耸肩，手舞足蹈，左顾右盼，坐姿歪斜，晃动双腿等，这都是不好的肢体语言，总之，手势不宜过多，要恰当运用。

面试时要面带微笑，用眼神交流，目光始终聚焦在考官身上。微笑是面试中最不可或缺的表情，微笑会增进与面试官的沟通，提高你的外部形象。恰当的眼神能体现出智慧、自信以及对公司的向往和热情。面试者要目光平和而有神，专注而不呆板。如果有几个面试官在场，说话的时候要适当用目光扫视一下其他人，以示尊重。回答问题前，可以把视线投在对方背面墙上，用两三秒钟做思考，不宜过长，开口回答问题时，应该把视线收回来。

子模块三 面试后的礼仪

一、致谢主招聘人员

面试后表示感谢是十分重要的，因为这不仅是礼貌之举，也会使主考官在作决定之时对你有印象。

面试结束并不意味着求职过程的结束。为了加深招聘人员对你的印象，增大求职成功的可能性，对想抓住每个工作机会的人来说，面试后的两三天内，最好给主考官打个电话或写封信表示感谢。

（一）打电话

打电话表示感谢可以在面试后的一两天之内进行。电话感谢要简短，最好不要超过 3 分钟，电话里不要询问面试结果。因为这个电话仅仅是为了表现你的礼貌和让对方加深对你的印象而已。打电话的时候，要考虑在什么时间内打电话“合适”。

（二）写面试感谢信

主考官对面试人的记忆是短暂的。感谢信是你最后的机会，它能使你显得与其他求职者有所不同。面试感谢信包括电子邮件和书面感谢信。

如果平时是通过电子邮件的途径和公司联系的话，那么在面试结束后，发一封电子感谢信，是既方便又得体的方式。但不多的情况下还是写书面感谢信，特别是当面试的公司非常传统时，更应如此。

感谢信必须是写给某个具体负责人的，你应该知道他的姓名，不可以写什么“负责人”、“部门负责人”等之类的模糊收件人。感谢信的开头应提你的姓名及简单情况，以及面试的时间，并对主考官表示感谢。中间部分要重申你对该公司、该职位的兴趣，或增加一些对求职成功有用的新内容。结尾可以表示你对得到这份工作的迫切心情，以及为公司的发展壮大做贡献的决心。

二、适时打电话询问

打电话询问面试结果，同样要注意电话礼仪，要在合适的时间有礼貌、有技巧地询问。

面试结束之后的两星期左右，如果还没有得到任何回音，就给负责招聘的人打个电话，询问一些面试结果。打电话询问面试结果，有两个礼仪细节必须要注意：什么时候问？怎么问？

（一）打电话的时间

从礼仪的角度来说，打电话最得体的时间应该是对方方便的时间。什么是方便的时间？以下时间之外的时间，都可以认为是方便的时间：工作繁忙时间、休息时间、用餐时间、生理疲倦时间。因为询问面试结果是公事，所以当然必须是在正常工作日的时间段内打这个电话。

工作繁忙时间。一般是周一上午和周五下午，因为这两个时间段很多单位都有开例会的习惯。还有就是每天刚上班的一个小时和下班前的一个小时。这个时间段内不是要忙着安排一天的工作就是没法再集中精力处理公事。

休息时间。一般是指工作日的中午一小时左右的时间及其他私人时间，特别是节假日时间。

用餐时间。在用餐的时间，给人打电话是不礼貌的。而且往往在这个时间打电话会找不到人，当然影响打电话的效果了。

生理疲倦时间。这个时间段一般都是每天下班前的一小时左右，中午下班前的半小时左右。

（二）打电话的方式

在电话里，同样的一句话，问候方式的不同，虽不至于有不同的结果，最起码会给人不同的印象：或有礼貌，或显唐突。所以在通话的过程中，自始至终都要尊重自己的通话对象，待人以礼，表现得有礼有节。一定按照标准的接打电话礼仪规范进行。

如果知道自己没被录用，此时你的情绪要非常稳定。同时，冷静地、仍然热情地请教一下未被录用的原因，可以说“对不起，我想请教一下我没有被录用的原因，我好再努力”。谦虚有可能赢得对方的同情，同时给你下一次的面试机会。需要说明的是，打电话询问面试结果，最多打三次电话询问就可以了。因为即使再研究，经过前后三个电话询问的周期，再复杂的研究程序也早该最后确定了，而且三次的电话询问，也会对你有足够的印象了。如果想聘用你就会直接告诉你或及时和你联系。再多的电话，反而会适得其反，甚至会给人“骚扰”、“无聊”的感觉。感谢信也是如此。

长镜头

王东犯了几个毛病

王东跳槽后，投了几十份简历，才拿到面试机会，这家公司是人力资源咨询公司，面试方法也与众不同，除了回答问题还要在电脑上做大约3个小时的测评题，面试结束后，让他们在两天之内等通知。王东因做过一年多的人力资源工作，HR将他的名字列在录取名单中，等待与老板研究后定下来。第二天下午，心情急切的王东打电话给公司说：“公司录不录取我们没关系，能否把测评结果给我们？”接电话的HR愣了一下，和蔼告诉他：“测评结果只是公司用来选拔人才用，不给个人。”王东又补充一句：“录不录取我们没关系，我只想要测评结果，因为我测评了三个多小时呢！”放下电话，HR将录取名单取出，划掉了王东的名字。

想一想

王东犯了几个毛病？

分析：在这里，王东犯了三个毛病，一是面试之后，急于打电话追问，没有给人家一个商量研究的时间；二是电话中首先宣布：录不录取没关系，显示了自己对公司的不在乎，一个不在乎公司的人，公司当然也不会在乎你；三是测评题就是公司当成笔试题的一种先进方法，没有给面试者发回试卷的先例。面试后的一举一动、一言一行，也都代表了一个人的礼仪、素养，可不是只在面试的时候现演戏，装出来的，而礼仪、素养是潜移默化修炼出来的，要在日常生活中注意提高。

三、总结经验

求职失败必须总结经验教训，找出失败的原因，走出误区，并针对这些不足重新做准备。

面试一结束，你应该对你在面试时遇到的难题进行回顾。重新考虑一下，如果他们再一次向你提问时，你该如何更好地回答这些问题。尽量把你参加面试的整个经过，每个面试提问，所有细节都记载在面试记录手册里。面试成功与否并不是最重要的，最重要的是从上一次面试中分析各种因素，学到经验，使下次面试表现更好。应聘中不可能个个都是成功者，在竞争中失败了，不要气馁。这一次失败了，还有下一次，就业机会不止一个，关键是必须总结经验教训，找出失败的原因，并针对这些不足重新做好准备。

思考与训练

一、实训练习

项目：班级分组进行面试情景模拟。

实训目标：锻炼学生自我推销能力，积累应聘经验，掌握应聘礼仪，增强自信心，全面认识自我。

实训准备：模拟招聘企业情况、需求岗位、面试问题、面试桌椅等。

实训方法：

（1）选 3～4 名学生担任某企业面试考官，其他同学担任求职者。

（2）面试考官介绍单位及岗位需求情况，然后求职者依次进行 1 分钟自我介绍，面试考官提问，求职者回答问题。

二、简答题

1. 作为一名大学生，你如何理解求职礼仪的重要性？
2. 求职前期的准备工作有哪些？
3. 面试时应注意哪些礼仪？
4. 面试后应注意哪些礼仪事项？

5. 假使本次求职未成功，你将怎样安排自己的下一场求职？

三、案例分析

有一家公司在互联网上发布招聘启事，没想到竟然收到了近千份求职简历，由于没有时间全部阅读挑选，人事部门灵机一动，采取群发方式给所有的求职者回复了一封电子邮件："您的简历已经收到，不过很抱歉，您的条件不适合我们的职位。"后来，这家公司收到的回复感谢信只有三封，最后，这家公司将这三名回复邮件的求职者全部录用，理由是："恭喜你，通过了我们最后的测试。"

这个案例给你什么启示？

参考资料

1. 金正昆. 商务礼仪. 北京：北京大学出版社，2004.
2. 金正昆. 礼仪金说. 西安：陕西师范大学出版社，2006.
3. 金正昆. 礼仪金说Ⅱ. 西安：陕西师范大学出版社，2006.
4. 金正昆. 职场礼仪. 北京：中国人民大学出版社，2008.
5. 张秋埜. 酒店服务礼仪. 杭州：浙江大学出版社，2009.
6. 于桂华. 高职学生礼仪修养教程. 北京：高等教育出版社，2008.
7. 何丽芳. 酒店礼仪. 广州：广东经济出版社，2005.
8. 刘晖. 实用礼仪训练教程. 北京：电子工业出版社，2008.
9. 蓝瑜. 旅游礼仪. 咸阳：西北农林科技大学出版社，2007.
10. 孙玲. 商务礼仪实务与操作. 北京：对外经济贸易大学出版社，2010.
11. 郑彦离. 礼仪与形象设计. 北京：清华大学出版社，2009.
12. 王剑，张岩松. 现代公关礼仪. 西安：西安电子科技大学出版社，2009.
13. 鲍秀芬. 现代社交礼仪修养. 北京：机械工业出版社，2011.
14. 许爱玉. 现代商务礼仪. 杭州：浙江大学出版社，2006.
15. 金丽娟. 商务礼仪. 北京：中国农业大学出版社，北京大学出版社，2011.
16. 杨继忠，胡洁，张洪铖. 大学生礼仪. 北京：北京理工大学出版社，2011.
17. 中国素材网. http://www.sucai.com/

工学结合新思维高职高专航海技术类“十二五”规划教材

（一）基础科目

1. 计算机应用基础
2. 航海体育与健康
3. 现代礼仪实用教程
4. 大学生心理健康教育

（二）电子商务

1. 网页设计与制作
2. Internet 技术
3. 电子商务技术实操
4. 电子商务与网络安全
5. 电子商务网站建设与管理
6. C 语言程序设计项目化教程

（三）物流管理

1. 集装箱运输实务
2. 港口企业装卸实务
3. 国际货运代理实务
4. 外贸单证操作实务

（四）航海技术

1. 航海学基础
2. 船舶货运
3. 航海气象与海洋学基础
4. GMDSS 综合业务
5. 船舶通信英语
6. 船舶雷达与 ARPA
7. 航海英语视听说

（五）海事管理

1. 船舶与船员管理
2. 国际航运实用英语

（六）酒店管理（邮轮乘务）

1. 现代酒店客房实务
2. 酒店西餐厅运营实务
3. 现代酒店前厅实务
4. 邮轮运营实务
5. 邮轮实用英语
6. 酒店房务英语
7. 酒水服务英语
8. 餐饮服务英语

（七）轮机工程技术

1. 船舶电气工艺测试
2. 轮机工程材料基础
3. 船舶电路基础
4. 船用传感器技术与维修
5. 轮机工程力学与热工基础
6. 机械制图与设计基础

（八）理化测试及质检技术（无损检测）

1. 磁粉探伤实务